Natürlich leben

Natürlich leben

Traditionelles Wissen für Küche, Haus und Garten

Vivienne Bolton
Fotos von Catherine Gratwicke

THORBECKE

Aus dem Englischen von Annerose Sieck

Bibliografische Information der Deutschen Nationalbibliothek
Die Deutsche Nationalbibliothek verzeichnet diese Publikation in der Deutschen Nationalbibliografie; detaillierte bibliografische Daten sind im Internet über http://dnb.d-nb.de abrufbar.

ISBN 978-3-7995-3567-0

Wichtiger Hinweis

In diesem Buch finden Sie einige Informationen über Kräuter und Heilmittel, die medizinisch genutzt werden können. Sie ersetzen auf gar keinen Fall den Arztbesuch. Bevor Sie Hausmittel, Kräuter oder anderes ausprobieren, sollten Sie mit einer winzigen Menge beginnen, denn eine mögliche allergische Reaktion kann nicht ausgeschlossen werden. Bei längeren Beschwerden und Problemen sollte stets ein Arzt aufgesucht werden. Autorin und Verlag können keine Verantwortung für eine allergische Reaktion auf Rezepte übernehmen; gleiches gilt für die Anwendung von Hausmitteln.

Inhalt

Traditionen, die Mütter an Töchter weitergeben

Mein Vater ist Engländer, meine Mutter Südafrikanerin, eine Frau mit schwarzen Augen und dickem, dunklem Haar, die von französischen Hugenotten abstammt. Die Familie wirtschaftete als Bauern im fruchtbaren Flusstal am Kap der Guten Hoffnung.

Wir verlebten in diesem subtropischen Paradies Südafrikas eine richtige Bilderbuchkindheit. Viele heiße Nachmittage waren wir mit unseren Kindermädchen unterwegs, gingen verwunschene Pfade durch den Busch auf der Suche nach einem Tokolosh – einem sagenhaften Gnom. Zwischendurch pflückten wir jede Menge „Essig"-Blätter, um sie zu kauen. Ebenso, wie sich meine Kinder heute in unserem englischen Garten über Süßdoldensamen hermachen.

In Afrika ist es Sitte, dass das erste Enkelkind sehr viel Zeit mit der Großmutter verbringt. Meine lebte ganz im alten Stil. Ihr Geld verdiente sie als Schneiderin; sie arbeitete zu Hause und verbrachte viel Zeit in ihrem herrlichen Gemüse- und Obstgarten. Ich erinnere mich an Beete mit Ananas, Mango und an Zitronenbäume, ich sehe noch die dicken, seltsam geformten roten und orangefarbenen Tomaten, die hängenden Kürbisse und Süßkartoffeln vor mir. Meine Großmutter führte mich durch die Jahreszeiten: Wir backten Brot, kochten Gelee und Konfitüre und wir machten ein. Sie zeigte mir, wie man eine Handcreme aus geschmolzenem Bienenwachs und duftendem Mandelöl zaubert und aus gelber Seife und Zucker eine Packung macht, um einen Splitter zu ziehen. Unter dem Küchenfenster ließ sie Minze wachsen, um Fliegen abzuwehren, und ihre frischen weißen Taschentücher bespritzte sie mit Lavendelwasser, um ihre gelegentlichen Kopfschmerzattacken zu lindern.

Die Jahre vergingen und 1979 reiste ich von der Spitze Südafrikas nach Bury St. Edmunds in der englischen Grafschaft Suffolk. Ich kam dort mit drei kleinen Kindern und einer Nähmaschine an. Ich mietete ein baufälliges Gärtnerhäuschen und investierte mein Geld in sechs Hühner und einige Tomatenpflanzen. Es war Frühling und die Wege waren mit goldgelben Osterglocken gesäumt. Ich brachte die älteren Kinder in die Dorfschule und begann damit, für einen Gemüsegarten den Boden umzugraben.

Seit meiner Kindheit in Südafrika und meinen ersten Tagen auf dem Land in England ist sehr viel Zeit vergangen. In all den Jahren hatte ich Gärten, habe wundervolle Gelees und Konfitüren gekocht, köstlichen Weichkäse zubereitet und in einem Jahr so viele Möhren geerntet, dass es für eine ganze Kommune gereicht hätte. Seit die Kinder groß sind, habe ich professionell gekocht, bin von Kanada nach Mexiko gefahren, verbrachte einen Sommer in New York und einen weiteren in Frankreich, rührte viele Töpfe mit Bienenwachs an und bereitete in vielen Küchen Essen zu. Heutzutage lese, schreibe, male und koche ich, und wenn ich im Herbst höre, wie die Gänse über mein Haus fliegen und ich sie sehnlichst zurückerwarte, weiß ich, dass ich zufrieden bin. Mein Buch über eine gute, sparsame Haushaltsführung enthält jede Menge Rezepte und viele Tipps und Ratschläge.

FRÜHLING

Meine Kindheit an einem subtropischen Strand bestand aus einer Folge warmer, sonniger Tage: Frühling, Sommer, Herbst und Winter waren praktisch eins. Nur hohe Wellen und Seepferdchen hielten uns davon ab, zum goldenen Sandstrand zu gehen. Meinen ersten Frühling erlebte ich in Suffolk – ein Frühling voller goldgelber Narzissen, Häschen, frisch gelegten Eiern und dicker Jersey Cream. Ein richtiger Bilderbuch-Frühling.

Der Duft des Frühlings

Pflanzen Sie früh blühende Mini-Narzissen oder strahlend blaue Traubenhyazinthen in hübsche Porzellantassen und -schalen, stellen Sie einige ins Schlafzimmer und in kleinen Gruppen auf den Kamin oder auf die Fensterbank. Im warmen Haus werden sich die Blüten schnell öffnen und die Luft mit einem feinen Frühlingsduft tränken. Stärker duften Hyazinthen, deren Zwiebeln im Herbst in die Erde gepflanzt werden müssen, damit sie im Frühjahr blühen. Doch im März kann man Schnittblumen oder knospende Topfblumen kaufen und vorsichtig in hübsche Blumentöpfe setzen.

Hübsche Blumensträuße

Sträuße aus Primeln, Aurikeln, Veilchen, frischem Grün und Kräutern, die mit etwas Wasser in eine Vase oder ein Glas gestellt werden, eignen sich gut fürs Schlafzimmer.

Zwanglose Arrangements von Blumen, frisch im Garten gepflückt und einfach in einen Krug oder ein hübsches Marmeladenglas gestellt, bringen Natürlichkeit ins Haus. Kaufen Sie Blumen im Laden oder auf dem Markt, sollten Sie stets der Jahreszeit entsprechend wählen. Weidenzweige oder Winterjasmin lassen sich einfach pflücken oder kaufen. Sie geben Räumen das gewisse Etwas. Und bei Weidenzweigen, die ins Wasser gestellt werden, sprießen schnell die grünen Blätter – ein idealer Hintergrund für bunte Eier oder Stoffküken in der Osterzeit.

Osterglocken und Narzissen

Schneiden Sie Osterglocken, wenn sich ihre Köpfe im rechten Winkel zu den Stängeln befinden, nicht vorher. So können Sie sicher sein, dass die Blüten sich öffnen. Schneiden Sie einen Zentimeter von den Stängeln ab, bevor Sie die Blumen in kaltes Wasser stellen. Wollen Sie Osterglocken mit anderen Blumen mischen, stellen Sie sie 24 Stunden allein ins Wasser, dann erst zu den anderen Blumen, ohne die Stängel noch einmal anzuschneiden. Osterglocken und Narzissen sondern einen Saft ab, der für andere Blumen giftig ist.

Tulpen

Fröhliche rote Tulpen hellen einen grauen Frühlingstag auf. Pflücken oder kaufen Sie knospende Blumen, die schon ein wenig Farbe zeigen. Wenn Sie das Vasenwasser täglich wechseln, können Tulpen eine Woche halten. Schneiden Sie einen Zentimeter von den Stängeln ab und stellen Sie die Blumen in kaltes Wasser. Meine Tochter Sophie wirft Centmünzen ins Tulpenwasser, damit die Blüten kräftig werden. Wenn Sie Tulpen arrangieren, vergessen Sie nicht, dass diese noch weiterwachsen, weil sie ihre Köpfchen dem Licht entgegenstrecken.

Ranunkeln

Bei Ranunkeln entfernen Sie die Blätter und schneiden einen Zentimeter von den Stängeln ab, bevor Sie die Blumen ins Wasser stellen. Die Ranunkelstiele sind sehr zerbrechlich, die Blumen stehen deshalb am besten aufrecht in einer hohen Vase. Wechseln Sie täglich das Wasser und stellen Sie die Vase nicht in die Nähe von Obst oder Hitzequellen. Viele romantische Mythen ranken sich um diese schönen Blüten – wunderbare Geschichten von Prinzen aus dem Osten und Fröschen und Lieder von sehnsüchtiger Liebe. Ranunkeln gehören zu meinen Lieblingsblumen.

Maiglöckchen

Die Lieblingsblumen meiner Großmutter. Die Brautblumen mit ihrem süßen Duft und ihrer aparten Erscheinung sollen dem Zuhause Glück bringen. Sie wachsen überall und es ist eine Freude, blühende in einer schattigen Ecke des Gartens zu entdecken. Stellen Sie gepflückte Maiglöckchen sofort ins Wasser, nehmen Sie eine kleine Vase und vermeiden Sie, die Blumen direktem Sonnenlicht auszusetzen.

Verzuckerte Blüten

Verzuckerte Veilchen, Rosenblätter, Primeln oder Edelwicken – um nur einige zu nennen – und Blätter (ich verzuckere gern Minze- und Zitronenmelisseblättchen) eignen sich als Dekoration für Eistörtchen, Desserts und andere Köstlichkeiten.

Blumenknospen oder -blätter werden entweder in eine Mischung aus Gummiarabikum und Rosenwasser oder in geschlagenes Eiweiß getaucht und dann mit Feinzucker bestreut.

Wenn Sie „harte" Blüten haben möchten, müssen Sie das Eintauchen und Bestreuen mehrere Male wiederholen. Wer ganze Knospen verzuckern will, sollten diese sofort verwenden, denn der Zucker gelangt meist nicht in jede Spalte. Die konservierende Wirkung des Zuckers reicht nicht aus, um die Knospen längere Zeit aufzubewahren.

Gummiarabikum-Mischung

Geben Sie 50 g essbares Gummiarabikum in eine kleine Schüssel, rühren 4 Esslöffel Rosenwasser unter und lassen das Ganze über Nacht stehen. Am nächsten Tag wird sich das Gummiarabikum im Rosenwasser aufgelöst haben. Die Blütenköpfe oder Blütenblätter in die Lösung tauchen und anschließend mit feinem Zucker bestreuen. Zum Trocknen auf eine saubere Fläche legen.

Eiweiß-Überzug

Ein Eiweiß in einer Schüssel schaumig aufschlagen. Blütenköpfe oder -blätter eintauchen und mit feinem Zucker bestreuen. Zum Trocknen auf eine saubere Fläche legen.

Veilchenparfüm

Geben Sie einen Esslöffel gemahlene Schwertlilienwurzel in zwei Esslöffel Wodka. 7 Tage in einer zugekorkten Flasche ziehen lassen. Die Flüssigkeit durch ein sauberes Tuch in eine kleine Flasche abseihen und auf geheimnisvolle Weise haben Sie jetzt ein Parfum, das nach Veilchen duftet.

Veilchen

Der intensive Duft von süßen Veilchen zaubert die Magie einer längst vergangenen Zeit herbei. Ein Veilchensträußchen am Kragen verkündet die Ankunft des Frühlings.

Schoko-Veilchen-Fondants

Ergibt 450 g Fondants

1 Eiweiß
500 g Puderzucker
¼ TL Zitronensaft oder Weinstein
Veilchenessenz
Veilchenblaue Lebensmittelfarbe
400 g gute dunkle Schokolade
Verzuckerte Veilchen zum Dekorieren

1 Eine Miniprise Salz, Zitronensaft oder Weinstein zum Eiweiß geben und das Eiweiß leicht aufschlagen. Die Hälfte des Puderzuckers darübersieben und unterrühren.

2 Einige Tropfen Veilchenessenz und etwas Lebensmittelfarbe zugeben, sodass die Masse blass-veilchenblau aussieht.

3 Gut durchkneten und dann auf einer sauberen, mit Puderzucker bestäubten Arbeitsfläche ausrollen. Mit einer runden Form Kreise ausstechen. Zum Trocknen beiseitelegen.

4 In der Zwischenzeit die Schokolade im Wasserbad schmelzen. Jeden Veilchenfondant zur Hälfte in die Schokolade tauchen, dann auf Backpapier legen, ein verzuckertes Veilchen auf die Schokolade legen und trocknen lassen.

5 Die trockenen Veilchenfondants auf einem mit Tortenspitze belegten Teller servieren.

Himbeer-Veilchen-Konfitüre

Der Veilchenduft intensiviert das Aroma der Himbeerkonfitüre – unwiderstehlich! Essen Sie dazu Joghurt oder reichen Sie frisches Gebäck mit Sahne.

Ergibt 1 Glas

250 g feiner Zucker
250 g Himbeeren
Saft von ½ Zitrone
1 Tropfen Veilchenessenz

1. Den Backofen auf 180 °C vorheizen.
2. Den Zucker in einer ofenfesten Schüssel für 15 Minuten in den Backofen stellen.
3. Himbeeren und Zitronensaft in einen Topf geben und den erwärmten Zucker hinzufügen.
4. Das Ganze unter ständigem Rühren langsam erhitzen und dann rasch aufkochen lassen. 3–4 Minuten sprudelnd kochen, dann die Gelierprobe (siehe unten) machen.
5. Den Topf von der Herdplatte nehmen und die Veilchenessenz unterrühren. In das vorbereitete Glas füllen, versiegeln, beschriften und abkühlen lassen.

Gelierprobe

Mit einem sauberen Löffel etwas Konfitüre auf einen kalten Unterteller geben, einen Augenblick warten, dann mit der Fingerspitze fühlen, ob sich auf der Konfitüre eine Haut gebildet hat. Ist dies der Fall, ist der Gelierpunkt erreicht und die Konfitüre ist fertig zum Abfüllen. Sonst weitere 4–5 Minuten kochen und dann noch einmal die Gelierprobe machen.

Mamas Tipp

Fertige Himbeerkonfitüre kann man noch nachträglich mit Veilchenessenz aromatisieren. Dafür fülle ich ein kleines Glas Himbeerkonfitüre in einen Topf, rühre einen oder zwei Tropfen Veilchenessenz unter und erhitze das Ganze. Dann fülle ich die Konfitüre zum Abkühlen in eine hübsche Schüssel und reiche dazu Gebäck und Tee.

Frühjahrsschlemmereien

Winterende und Frühlingsanfang werden weltweit mit Tanz, Frühlingsblumen, gutem Essen und religiösen Bräuchen gefeiert. Lange bevor Christen das Osterfest feierlich begingen, tanzten die Menschen und schmückten sich und ihre Umgebung mit blühenden Blumen und Zweigen. Junge Männer und Frauen drehten ihre Runden um den Maibaum und eine „Königin des Tages" wurde gewählt. Lamm ist traditionell ein Frühlingsbraten; das erste Blattgemüse wird geerntet und man freut sich an der Freigebigkeit der Natur.

In Westeuropa wird Lamm mit Rosmarin und Knoblauch gewürzt; in Osteuropa verwendet man dagegen duftende Rosenblätter und exotische Gewürze oder Granatapfelsirup.

Lammbraten mit Rosmarin und Knoblauch

Man kann das Lamm während des Garens mit etwas Zitronensaft beträufeln. Es bekommt dadurch ein frisches und delikates Aroma.

Garzeit für eine Lammkeule im Backofen bei 200 °C:
20 Minuten pro 500 g + 20 Minuten für durchgebratenes Fleisch
15 Minuten pro 500 g + 15 Minuten für rosa Fleisch

2 EL Olivenöl
1 Zwiebel, in dicke Ringe geschnitten
1 Lammkeule
1 Knoblauchknolle, in Zehen geteilt
Frische Rosmarinzweige

Den Backofen auf 200 °C vorheizen.

Öl in einen Bräter geben. Zwiebelringe so hineinlegen, dass ein Bett für die Lammkeule entsteht. Mit einer scharfen Messerspitze kleine Einschnitte in das Lammfleisch machen; in einige Knoblauch, in andere Rosmarin stecken. Restliche Knoblauchzehen auf die Zwiebelringe legen. Das Fleisch mit Salz und Pfeffer würzen und im Backofen garen.

Bratensauce

Für die Sauce entweder das Gemüsewasser verwenden oder 300 Milliliter Brühe.

Zwiebeln aus dem Bräter nehmen und beiseitelegen. Den Bräter auf den heißen Herd stellen. Etwas Olivenöl zugeben, falls nicht genug Bratensaft und -fett vorhanden ist. Einige Esslöffel Mehl darüberstreuen und mit einem Holzlöffel umrühren, um den Bratensatz vom Topfboden zu lösen. Er gibt der Sauce den Geschmack. Fängt die Mehlmischung an, Blasen zu bilden, etwas Gemüsewasser oder Brühe unterrühren und eindicken lassen. Unter ständigem Rühren restliche Flüssigkeit zugeben, darauf achten, dass sich keine Klümpchen bilden. So lange rühren, bis die Sauce die richtige Konsistenz hat. Würzen und die Sauce in eine heiße Saucière oder einen Krug gießen. Alternativ in einen kleinen Topf geben, Zwiebelringe zugeben und aufkochen. Abschmecken nicht vergessen.

Bratkartoffeln und Frühlingsgemüse als Beilage

Frühlingsgemüse: sprießender Brokkoli, junger Spinat, Brennnesselspitzen, Löwenzahn und Frühlingskohl. Das Gemüse grob hacken und mit etwas Wasser und einem Stückchen Butter in einen Topf geben. Ist die Butter geschmolzen, Gemüse und Butter mischen, umrühren und den Deckel auflegen. Das Gemüse einige Minuten garen, bis es eine herrlich frische grüne Farbe hat. Mit Salz, Pfeffer und Muskat abschmecken und servieren.

Minzsauce

Die Ausgewogenheit der Aromen in einer guten Minzesauce ist vor allem eine persönliche Geschmacksfrage. Ich hacke etwa eine halbe Tasse (locker hineingelegt) Minzeblätter und gebe diese zusammen mit einer halben Tasse Malzessig, einem Spritzer Wasser, einem Teelöffel Zucker und einer guten Prise Salz in einen Topf. Aufkochen und servieren. Einige mögen die Sauce mit etwas mehr Zucker, andere bevorzugen etwas mehr Essig. Probieren Sie es aus!

Neue Pfanne oder Wok

Eine gute Methode für nicht beschichtete Pfannen. Pfanne waschen und abtrocknen. Auf eine heiße Herdplatte stellen und 2 Esslöffel Sonnenblumenöl (oder Olivenöl) und 2 Esslöffel Salz hineingeben. So lange erhitzen, bis das Öl zu rauchen beginnt. Dann die Pfanne vom Herd nehmen. Ist sie vollständig abgekühlt, die Pfanne mit Küchenpapier oder zerknülltem Zeitungspapier reinigen.

Am besten ist es, mehrere Pfannen für unterschiedliche Dinge zu haben, z. B. eine für Herzhaftes und eine für Süßes.

Meine allerbesten Pfannkuchen

Faschingsdienstag ist Pfannkuchentag. Im christlichen Glauben ist es der letzte Tag vor der Fastenzeit. Daher isst man an diesem Tag Eier und Zucker auf, um den Vorratsschrank zu leeren. Eine Vorbereitung auf 40 enthaltsame Tage. Während einige tatsächlich fasten, feiern andere die Ankunft des Frühlings mit süßen Leckereien und wetteifern um die schönste Verzierung. Denken Sie beim Backen daran: Übung macht den Meister!

2 Portionen

125 ml Milch
100 g Weizenmehl
1 Ei
125 ml Wasser
2 EL Butter

1 Die Milch in eine Schüssel geben, Mehl zufügen und mit einem Schneebesen glatt rühren. Ei zugeben und weiterrühren, zum Schluss das Wasser unterrühren. Den Teig möglichst eine Stunde ruhen lassen.

2 Butter in einer Pfanne zerlassen. Sobald die Butter schäumt, diese zum Teig geben und alles noch einmal gut verrühren.

3 Die Pfanne erhitzen, dann so viel Teig hineingeben, dass der Boden dünn bedeckt ist. So lange erhitzen, bis der Teig fest ist, dann den Pfannkuchen mit Hilfe eines Pfannenwenders wenden und die andere Seite bräunen. Mit etwas Zimtzucker bestreuen und etwas Zitronensaft beträufeln.

Alternativ:

Belag aus guter dunkler Schokolade, gerieben

Belag aus einer Mischung aus Gruyère- und Cheddarkäse, gerieben

Grüner Spargel

Spargel ist eigentlich eine Küstenpflanze – er wächst durch den weichen, salzigen Sand, und in den Küstenbereichen Nordafrikas wächst er sogar noch wild. Dieser Wildspargel ist dünn und hat ein kräftigeres Aroma als die fleischigen Zuchtsorten. Wenn Sie zu den Glücklichen gehören, die reichlich Platz im Garten haben, sollten Sie ein Spargelbeet anlegen. Es braucht etwas mehr Pflege und bis zur ersten Ernte dauert es ein Jahr, aber wächst der Spargel erst einmal, können Sie vom ersten Stechen an lange Zeit ernten.

Spargel kochen

Waschen Sie den Spargel in kaltem Wasser. Schneiden Sie die holzigen Enden ab und bringen Sie Wasser in einem Topf zum Kochen. Grüner Spargel ist sehr schnell gar. Legen Sie die Stangen in das kochende Wasser und kochen Sie sie 3–4 Minuten, dann sollten sie gar sein. Den Spargel herausnehmen und die holzigen Enden ins Wasser geben, 7–8 Minuten kochen. Herausnehmen und wegwerfen. Das Kochwasser können Sie für Spargelsuppe oder Sauce Hollandaise verwenden.

Früchtekuchen mit Marzipan

Junge Leute backen in England diesen Früchtekuchen traditionell zum Muttertag, aber seit einiger Zeit steht er auch am Ostersonntag auf dem Tisch. Er wird mit zwölf Marzipankugeln verziert, die für die zwölf Apostel stehen. Meine Großmutter bereitete aus diesem Rezept immer kleine Kuchen zu – dekoriert mit Marzipan und Zuckerguss.

200 g Weizenmehl
1½ TL Backpulver
1½ TL Gewürzmischung (Koriander, Piment, Muskat, Ingwer, Nelken)
½ TL gemahlener Zimt
300 g Rosinen
100 g Korinthen
100 g Sultaninen
100 g geriebene Zitronenschale
Saft und Schale von 1 Orange
50 g gemahlene Mandeln
150 g feiner brauner Zucker
3 Eier
500 g Marzipan

1 Den Backofen auf 160 °C vorheizen. Mehl, Backpulver und Gewürze in eine Schüssel sieben. Trockenfrüchte in einer zweiten Schüssel mit dem Orangensaft mischen. Butter und Zucker in einer großen Rührschüssel mit einem elektrischen Rührgerät schaumig rühren. Zitrusschalen, Mandeln und nach und nach die Eier unterrühren.

2 Das Mehl löffelweise unterarbeiten. Die eingeweichten Trockenfrüchte unterheben. Ein Backblech (20 cm) buttern und mit gebuttertem Backpapier belegen. Die Mischung aufs Blech geben und glatt streichen. 2 Stunden backen, dann die Backofentemperatur auf 150 °C stellen und den Kuchen weitere 30 Minuten backen.

3 Aus dem Ofen nehmen und auf dem Blech abkühlen lassen. Mit warmer Konfitüre bestreichen und mit ausgerolltem Marzipan belegen. Traditionell werden dann 12 Marzipankugeln gerollt und auf dem Kuchen verteilt. Ich bevorzuge es, ihn mit Zuckerguss und einem Sträußchen aus verzuckerten Frühlingsblumen zu verzieren.

Frühlingsernte

Vorsicht ist besser als Nachsicht. Brennnesseln, Löwenzahn, Rhabarber, Petersilie und Zitronenmelisse fördern die Verdauung, beleben den Geist, stärken die Immunabwehr, aktivieren die Nieren und sind ideal, um den Körper zu entgiften.

Rhabarber

Ich habe Rhabarber in meinem ersten Englandfrühling entdeckt. Meine Vermieterin gab mir einen Einkaufsbeutel und sagte noch, Saft und Schale einer Orange würde den Geschmack verbessern – also kam genau das in meinen ersten Rhabarberstreuselkuchen. Ich experimentierte mit anderen Frühlingsaromen, deshalb die Rhabarber-Holunder-Konfitüre, und nachdem ich ein Glas gekauftes Rhabarber-Chutney gegessen hatte, wurde dies mein absoluter Favorit.

Rhabarber anbraten

Nur die Stängel der Rhabarberpflanze sind essbar. Blätter sollten abgeschnitten und weggeworfen werden, ebenso die unteren 2 Zentimeter des Stängels. Verarbeiten Sie Rhabarber niemals in Aluminiumtöpfen.

Der Geschmack des Rhabarbers wird durch leichtes Anbraten verstärkt. Wer Rhabarberkompott mag, sollte den Rhabarber mit etwas Zucker bestreut anbraten, dann zerdrücken und mit halb Vanillesauce, halb Sahne mischen. Darüber einige Tropfen Rhabarber- oder Holunderlikör – der Geschmack ist einfach umwerfend!

Rhabarber-Holunder-Konfitüre

Ergibt 5 Gläser

Zitronenkerne und -schale
10 Holunderblütendolden
2 kg Rhabarber
2 kg Zucker
6 EL frischer Zitronensaft

Zitronenkerne und Holunderblüten in einen Musselinbeutel füllen, zubinden und in einen großen Topf hängen. Rhabarber waschen, die Stangen in 2 Zentimeter lange Stücke schneiden und ebenfalls in den Topf geben. Zucker, Zitronensaft und -schale sowie 150 Milliliter kaltes Wasser zugeben. Über Nacht durchziehen lassen.

Am nächsten Tag langsam aufkochen, ab und zu rühren, damit der Zucker sich auflöst. So lange sprudelnd kochen, bis der Gelierpunkt erreicht ist (*s. S. 15*).

Geliert die Konfitüre, den Topf vom Herd nehmen. Einige Minuten abkühlen lassen, dann die Konfitüre in sterilisierte Gläser füllen. Zuschrauben und abkühlen lassen.

Rhabarber-Chutney

- **1 kg Rhabarber**
- **500 g Zwiebeln**
- **500 g Sultaninen**
- **500 g feiner brauner Zucker**
- **Saft von 2 Zitronen und einige Streifen Zitronenschale**
- **½ TL Pfefferkörner**
- **½ TL Koriandersamen**
- **2 TL Garam Masala**
- **3 Knoblauchzehen**
- **20 g Salz**
- **1 Stück frische Ingwerwurzel (3 cm)**
- **Einige Kardamomsamen**
- **250 ml Weißweinessig**

Rhabarber in zentimeterlange Stücke schneiden und in einen großen Topf geben. Zwiebeln schälen, klein schneiden und zugeben. Restliche Zutaten in den Topf geben und langsam aufkochen lassen. Bei schwacher Hitze so lange kochen, bis das Chutney dick geworden ist (etwa 30 Minuten). Den Topf vom Herd nehmen, Ingwer entfernen und Chutney in Gläser füllen.

Rhabarber-Orangen-Crumble

- **500 g Rhabarber**
- **100 g Zucker**
- **Saft und Schale von 1 Orange**
- **300 g Weizenmehl**
- **75 g Zucker**
- **150 g weiche Butter**

Den Backofen auf 180 °C vorheizen.

Rhabarber in 2 Zentimeter lange Stücke schneiden und in eine Auflaufform legen. Zucker, Orangenschale und -saft zugeben, alles mischen.

Für die Streusel Mehl in eine Rührschüssel geben, Zucker und weiche Butter zufügen. Mit den Fingern zu Streuseln verkneten. Diese auf dem Rhabarber verteilen und den Kuchen etwa 40 Minuten im Backofen backen. Dazu schmeckt selbst gemachte Vanillesauce (*s. S. 31*).

Rhabarbersirup

Das milde natürliche Stimulans stärkt und bringt Vitalität und Elan zurück.

Nehmen Sie ein Bund frisch geernteten Rhabarber und entfernen Sie oben und unten jeweils 2 Zentimeter. Die Stangen in 2 Zentimeter große Stücke schneiden, in einem Emaille- oder Edelstahltopf mit Wasser bedecken und so lange köcheln, bis der Rhabarber weich ist. Durch ein Sieb passieren.

Auf eine Tasse Saft geben Sie eine Tasse Zucker und eine Tasse Wasser hinzu. Die abgemessenen Zutaten in einen sauberen Topf geben und aufkochen lassen, dabei ständig rühren. Kocht das Ganze, weitere 2 Minuten kochen lassen, dann in Flaschen abfüllen und verkorken.

Nehmen Sie täglich im Frühling einen großen Löffel oder gießen Sie etwas in ein Glas und geben etwas Mineralwasser hinzu, dann haben Sie eine schmackhafte Limonade.

Wildkräuter

Waldknoblauch oder Bärlauch wie Knoblauch verwenden. Blätter, Stängel und Zwiebeln schmecken gut in Frühlingssalaten.

Löwenzahnblätter schmecken als Salatzutat oder in Suppen.

Frühe Vogelmiere ist lecker im Salat. Die Blätter von den Stängeln streifen.

Junge Weißdornblätter passen gut in einen Salat.

Die jungen Blätter des Gierschs kann man als Küchenkraut verwenden; in Skandinavien gibt man es in Suppen und Eintöpfe. In Russland und Litauen isst man die jungen Blätter im Salat.

Die ersten Hopfensprossen können gehackt unter Salate gemischt werden.

Süßdoldenblätter sind köstlich in Salaten.

Knoblauchsrauke oder Knoblauchhederich verleiht Salaten oder Kartoffelpürees ein leichtes Knoblaucharoma. Oder legen Sie einige Blätter mit aufs Brot.

Rotkleeblätter schmecken mit wilder Minze gemischt als Salat.

Löwenzahn

Löwenzahn ist ein Wildkraut und durch seinen Kaliumgehalt ein hervorragendes natürliches Entwässerungsmittel – es wirkt, wo viele andere Diuretika nicht helfen. Es schwemmt überflüssiges Wasser aus, ohne die Kaliumwerte im Körper zu senken. Löwenzahntee unterstützt zudem die Entgiftung und stimuliert die Leber, senkt die Harnsäurewerte und ist insgesamt ein Stärkungs- sowie ein mildes Abführmittel. Jeder allerdings, der Probleme mit Gallensteinen hat, sollte Löwenzahntee nur nach Absprache mit dem Arzt trinken.

Sammeln Sie stets wilde Blätter und Blüten von Wiesen, die fernab von Straßen liegen, damit sie nicht mit Abgasrückständen kontaminiert sind. Schauen Sie die Pflanzen vor dem Pflücken genau an – pflücken Sie nur gesund aussehende. Zupfen Sie hier und da nur einzelne Blätter und Blüten ab, so wird die Pflanze nicht zerstört. Unter fließendem Wasser abspülen, um Schmutz und kleine Insekten zu entfernen.

Löwenzahnblattsalat

Löwenzahnblätter haben eine entwässernde Wirkung, was wiederum die Leber aktiviert. Die jungen Blätter sind ideal für einen Frühlingssalat. Pflücken Sie zarte Blätter und mischen Sie diese mit einem leichten Olivenöl und einem Spritzer Zitrone. Dazu reichen Sie weich gekochte Eier und Schwarzbrotscheiben mit Butter. Schon haben Sie ein leichtes, gesundes Frühlingsessen.

Löwenzahntee

Legen Sie 2 Blätter in eine kleine Kanne, geben Sie kochendes Wasser darauf und lassen Sie das Ganze 4 Minuten ziehen. Tee in eine Tasse gießen und eventuell süßen.

Brennnesseln

Brennnesseln sind Power fürs Immunsystem, wirken anti-entzündlich und entgiftend und sind überdies sehr vitaminreich. Trinkt man Brennnesseltee, stärkt man die körpereigene Abwehr und verbessert die Ausscheidung überflüssigen Wassers. Brennnesseltee wird gern getrunken, um Blaseninfektionen und andere Entzündungen des Harntrakts zu behandeln.

Brennnesseltee kann unterstützend bei Heuschnupfensymptomen wie etwa einer verstopften Nase, Niesen und brennenden, tränenden Augen getrunken werden. Geben Sie einen Teelöffel getrocknete Brennnesselblätter oder eine kleine Handvoll frische Blätter in kochendes Wasser, kochen Sie es 1–2 Minuten, dann gießen Sie den Tee in eine Tasse und süßen gegebenenfalls mit etwas Honig.

Brennnesselsuppe

Verwenden Sie die jungen Spitzen für Suppen und Eintöpfe, zusammen mit Bärlauch und Gerste. In einer guten Brühe liefern sie zusätzlich Aroma – gut für einen kalten Frühlingstag.

2 mittelgroße Zwiebeln, gehackt
Olivenöl
2 mittelgroße Kartoffeln, geschält und klein geschnitten
1 Bund Brennnesselspitzen
500 ml Gemüsebrühe
Salz und Pfeffer
Muskat

1. Zwiebeln in etwas Öl glasig dünsten, Kartoffeln und Brennnesselspitzen zugeben und mischen.
2. Brühe zugießen und aufkochen lassen, so lange köcheln, bis die Kartoffeln weich sind.
3. Das Ganze pürieren, salzen und pfeffern. Zum Schluss etwas geriebene Muskatnuss unterrühren. Kurz aufkochen und servieren.

Brennnesselbier

Ergibt 12 Flaschen

½ Eimer Brennnesselstängel
12 l kochendes Wasser
1,5 kg Zucker
50 g Weinstein
15 g Hefe

Brennnesseln kurz abspülen, dann mit Wasser in einen großen Topf geben und aufkochen. Bei schwacher Hitze 15 Minuten köcheln. Die Brennnesselflüssigkeit in einen großen Behälter abgießen und mit kochendem Wasser auf 12 Liter auffüllen. Zucker und Weinstein einrühren. Auf Zimmertemperatur abkühlen lassen, dann Hefe einrühren, das Gefäß mit einem sauberen Tuch abdecken und 3 Tage ruhen lassen.

Das Brennnesselbier kann jetzt in Flaschen gefüllt werden. Damit es nicht so schäumt, stellen Sie das Gefäß auf einen Tisch oder Stuhl, stecken ein Kunststoffrohr bis zum Topfboden hinein und saugen die Flüssigkeit mit dem Mund an. Sobald das Bier in Bewegung kommt, das Rohr in die erste Flasche einführen und füllen. Legen Sie den Daumen auf die Rohröffnung, wenn Sie von einer zur nächsten Flasche wechseln.

Die Flaschen verkorken und einige Wochen ruhen lassen. Brennnesselbier muss spritzig und frisch sein und wird mit Eis und einer Zitronenscheibe serviert.

Holunderblüten

Der Holunderstrauch bringt im Frühling und im Herbst ein Ernte. Im Frühling können die duftenden Blüten für Getränke, Konfitüren und Gelees genutzt werden, aber auch für Cremes und Salben sind sie geeignet. In Teig ausgebackene Holunderblütendolden – mit etwas Zucker bestreut – sind ein wunderbares Frühjahrsdessert. Schließlich sind die jungen Blüten geeignet, um eine herrlich spritzige Limonade zuzubereiten.

Für besonders intensives Aroma sollten Holunderblüten an einem strahlend sonnigen Tag geerntet werden, wenn der Blütenstaub trocken ist. Duft und Aroma stammen aus dem Blütenstaub, achten Sie also darauf, die Blüten nicht zu schütteln. Auch Waschen ist tabu. Werfen Sie einen gründlichen Blick auf die Blüten und entfernen Sie Insekten.

Holundersalbe

Erwärmen Sie 125 Gramm Vaseline und 4 Tassen Holunderblüten (ohne die dicken Stiele) in einer Schüssel im Wasserbad. Die Vaseline schmilzt und nimmt in der Hitze den Duft und die heilende Kraft des Holunders auf. Lassen Sie die Schüssel 30 Minuten über dem köchelnden Wasser stehen. Dann herausnehmen und die Salbe sofort durch ein Baumwolltuch in kleine Tiegel abseihen.

Die Salbe hilft bei spröden Händen, aber falls Sie auf dem Land leben: Auch Kuheuter und -zitzen können damit behandelt werden.

Erfrischendes Holunder-gesichtswasser

2 Tassen Holunderblüten in einer Porzellanschüssel mit 500 Millilitern kochenden Wassers übergießen und 1 Stunde ziehen lassen. Dann durch ein Baumwolltuch abgießen. 125 Milliliter Hamameliswasser dazugeben und in eine Flasche füllen. Ein erfrischendes Gesichtswasser, das sich im Kühlschrank 4 Wochen hält.

Holunderlimonade

Die Holunderpollen enthalten genug Hefe, um diese duftende Limonade sprudeln zu lassen. Pflücken Sie den Holunder an einem strahlend sonnigen Tag, wenn die Pollen trocken und die Bienen geschäftig sind.

700 g naturweißer Zucker
20 Holunderblütendolden
2 EL Weinessig
Saft und Schale von 1 Zitrone

4,5 Liter frisches Wasser in ein großes Gefäß gießen, Zucker zugeben. Rühren, bis der Zucker sich aufgelöst hat. Blüten, Essig, Zitronenschale und -saft zugeben. Mit einem sauberen Küchenhandtuch abdecken und 24 Stunden ziehen lassen.

Die Flüssigkeit in ein sauberes Gefäß abgießen und in Flaschen mit Schraubdeckel füllen. 3 Wochen in einer kalten Ecke ruhen lassen. Eine Flasche öffnen, um Geschmack und Gärung zu prüfen. Jetzt können Sie die Limonade genießen – am besten gekühlt.

Traubenfruchtsirup

1 kg Stachelbeeren
1 kg Zucker
250 ml Wasser
6 Holunderblütendolden

Alle Zutaten in einen großen Topf geben und langsam aufkochen. Bei schwacher Hitze 5 Minuten köcheln. Dann die Flüssigkeit durch ein Baumwolltuch abseihen und in Flaschen füllen. Bewahren Sie den Sirup im Kühlschrank auf. Mischen Sie ihn mit Mineralwasser und schon haben Sie ein erfrischendes Getränk.

Holunderlikör

1 l Wasser
1,5 kg Kristallzucker
20 Holunderblütendolden
75 g Zitronensäure
Saft und Schale von 2 ungewachsten Zitronen

Wasser in einen Topf geben und Zucker einrühren. Langsam aufkochen lassen, dabei ständig rühren, damit der Zucker sich vollständig auflöst. Topf vom Herd nehmen. Holunder, Zitronensäure, -saft und -schale zugeben. 24 Stunden ruhen lassen. Alles erneut aufkochen, dann durch ein Baumwolltuch abseihen und in Flaschen füllen. Versiegeln und in den Kühlschrank stellen.

Köstlich über Zitroneneis oder als Spritzer zu Mineralwasser mit Eis und Zitronenscheibe.

Eier – Fertigprodukt aus der Natur

Kaufen Sie die Eier von freilaufenden Hühnern – so frisch wie möglich. Lagern Sie Eier besser nicht im Kühlschrank; kaufen Sie also nur so viele, wie Sie in einigen Tagen verbrauchen. Am besten bewahrt man sie bei Zimmertemperatur in einem Korb auf. Für alle Rezepte gilt: Eier müssen Zimmertemperatur haben. Mayonnaise gelingt nicht, wenn das Eigelb zu kalt ist, gekochte Eier platzen und Eiweiß lässt sich nicht richtig steif schlagen. Waschen Sie Eier niemals ab, die Schale ist ein natürlicher Schutz.

Eier ausblasen

Das Ei waschen. Mit der Spitze einer Stopfnadel an jedem Ende ein kleines Loch stechen. Die Nadel einmal ganz durchstechen. Durch ein Loch blasen und die am anderen Ende austretende Flüssigkeit in eine Schüssel laufen lassen (lässt sich für Rührei oder Biskuit verwenden). Die ausgeblasenen Eier mit klarem Wasser durchspülen, trocken tupfen und bemalen oder mit Seidenpapier verzieren.

Ostereier

Die Schale frischer Eier kann mit Lebensmittelfarbe gefärbt werden – geben Sie etwas Essig und Salz ins Wasser, damit die Farbe besser angenommen wird. Sind die gefärbten Eier kalt, können Sie mit einer Stopf- oder Stricknadel die Farbe hier und da wegkratzen und auf diese Weise Muster gestalten.

Auf der ganzen Welt werden im Frühjahr Eier verziert, gefärbt, bemalt und gestaltet.

Der perfekte Zeitpunkt

Ich besitze einen kleinen Lieblingstopf, den ich zum Kochen von Eiern verwende. Am besten kocht man Eier immer in ein und demselben Topf, auf diese Weise lernen Sie durch praktisches Herumprobieren am besten, wann die Eier richtig gekocht sind (s.u.).
Legen Sie höchstens 3 Eier in einen kleinen Topf. Geben Sie mindestens 2,5 Zentimeter hoch kaltes Wasser und 1 Prise Salz hinzu und stellen den Topf bei höchster Temperatur auf die Herdplatte. Kocht das Wasser, stellen Sie die Eieruhr auf eine der folgenden Zeiten ein:

3 Minuten: weiches Eigelb, festes Eiweiß

4 Minuten: leicht festes Eigelb, festes Eiweiß

5 Minuten: festeres Eigelb und Eiweiß

6 Minuten: hart gekocht, leicht weiches Eigelb

7 Minuten: hart gekocht

Von einem Straußenei wird ein Dutzend Menschen satt.

Eiweiß wird seit Tausenden von Jahren als Klebstoff genutzt. Probieren Sie es aus, es funktioniert hervorragend.

Streuen Sie die abgepellte Eierschale rund um Pflanzen, um Schnecken zu vertreiben.

Geben Sie Eierschalen in Essig und lassen Sie das Ganze über Nacht ziehen. Mit dieser Flüssigkeit lassen sich hartnäckige Flecken von Kristall entfernen.

Bedecken Sie ein Eigelb mit kaltem Wasser, damit es im Kühlschrank frisch bleibt.

Ein befruchtetes Hühnerei muss 21 Tage lang gebrütet werden.

In viktorianischer Zeit sollen Bauern Spatzeneier in ihren Tee gerührt haben, um bei Kräften zu bleiben.

Wann ist ein Ei wirklich frisch?

Das Ei in ein Glas voll kalten Wassers legen. Sinkt das Ei auf den Boden, ist es frisch. Bewegt es sich leicht aufwärts, ist es einige Tage alt. Steigt es an die Wasseroberfläche, sollten Sie es sicherheitshalber nicht mehr essen.

Eierflecken

Wischen und kratzen Sie so viel Ei wie möglich ab. Dann das Textil in kaltes Wasser tauchen. Ist der Fleck noch da, etwas Weinstein mit Wasser mischen und auf den Eifleck streichen. 10 Minuten einweichen lassen, dann ausspülen. Normal waschen.

Räucherlachs und Rührei

Ideal als spätes Abendessen oder romantisches Frühstück.

2 Portionen

4 Scheiben Räucherlachs
4 große Eier
2 EL Schlagsahne oder 1 EL Frischkäse
Frisch gehackte Petersilie
1 Zitrone, in dünne Stücke geschnitten
Schwarzer Pfeffer

Zwei Lachsscheiben klein schneiden und den Rest für die Garnierung aufbewahren. Die Eier in einer mit Butter bestrichenen Schüssel verquirlen, dann in einen Topf füllen und erhitzen. Mit einem Holzlöffel ständig rühren. Beginnt die Masse zu stocken, Sahne zugeben und weiterrühren, bis eine weiche, cremige Eimasse entstanden ist. Sofort vom Herd nehmen, den zerkleinerten Lachs untermischen und auf vorgewärmte Teller füllen. Mit Petersilie bestreuen und jeweils eine Scheibe Lachs und eine Zitronenscheibe dazulegen. Mit reichlich schwarzem Pfeffer bestreuen und servieren.

Eierpie mit Frühstücksspeck

Normalerweise wird die Pie auf einem Essteller zubereitet. Ich verwende einen alten weißen Teller dafür. Sie können aber auch eine flache Kuchenform (21 cm Durchmesser) nehmen. Schneiden Sie 4 Scheiben geräucherten Speck in kleine Stücke und braten Sie diese an. Den Teller (oder die Form) mit Butter bestreichen und mit Blätterteig belegen. 2 Eier auf dem Blätterteig aufschlagen. 2 weitere Eier in eine kleine Schüssel aufschlagen, salzen und pfeffern, leicht verquirlen und auf den Teig gießen. Den gebratenen Speck daraufstreuen. Mit etwas Blätterteig belegen, diesen mit leicht verquirltem Ei oder Milch bestreichen und im heißen Backofen 25 Minuten bei 200 °C goldbraun backen. Schmeckt heiß oder kalt.

Echte Vanillesauce

Vanillesauce kann aus Puddingpulver und Milch zubereitet werden. Aber echte Vanillesauce wird aus Eiern und Milch gekocht, mit Vanillezucker aromatisiert und mit feinem Zucker gesüßt. Ein Teil der Milch kann durch Sahne ersetzt werden, wenn man es noch feiner mag. Für einen Triffle schichten Sie Obst, in Sherry getauchte Biskuits und echte Vanillesauce (statt Milch Sahne) mit geschlagener Sahne übereinander – einfach fantastisch!

Ergibt 500 ml Vanillesauce

500 ml Milch
½ TL Vanillezucker
4 Eigelb
30 g feiner Zucker (oder nach Geschmack)
1 geh. TL Maismehl, gemischt mit etwas Milch oder Sahne

Alle Zutaten in eine Schüssel geben und diese auf einen Topf mit kochendem Wasser setzen. (Vanillesauce kann auch direkt im Topf auf dem Herd gekocht werden, aber leider brennt sie manchmal darin an.) Mit einem Holzlöffel oder Schneebesen rühren, bis die Sauce sämig ist. Sofort servieren. Wollen Sie die Sauce nicht gleich verwenden, die Schale mit einem Stück Frischhaltefolie abdecken, damit sich keine Haut bildet. Kurz vor dem Servieren die Sauce erwärmen und in einen Krug füllen.

Chloes portugiesische Vanilletörtchen

Für ihre Vanilletörtchen sind die Portugiesen berühmt. Als meine jüngste Tochter mit dem Kochen anfing, backte sie die Törtchen. Mit den Jahren entwickelte sie ihr eigenes Rezept, und es wurde Tradition, zu besonderen Ereignissen ihre frisch gebackenen Vanilletörtchen zu essen. Genießen Sie die Törtchen zum Frühstück, dazu eine Tasse Kaffee.

Ergibt 12 Törtchen

3 Eigelb
2 EL Maismehl
100 g Zucker
250 g Sahne
125 ml Milch
2 TL Vanillezucker
1 großes Stück Zitronenschale
250 g Blätterteig

Den Backofen auf 200 °C vorheizen.

Eigelb, Maismehl, Zucker und Sahne in einen Topf geben, sehr gut umrühren, damit sich alle Klümpchen auflösen, Milch, Vanillezucker und Zitronenschale zugeben. Unter ständigem Rühren zu einem dicken Pudding einkochen. Den Topf vom Herd nehmen und beiseitestellen.

Den Blätterteig auf doppelte Größe ausrollen und dann eng aufrollen. Mit einem Messer Scheiben abschneiden. Diese leicht bemehlen und so ausrollen, dass der Teig in die Mulden eines gebutterten Muffinblechs passt. Jede Mulde zu zwei Dritteln mit Pudding füllen. In 15–20 Minuten goldbraun backen. Noch warm servieren.

Das Geheimnis der Mayonnaise

Meine Großmutter benutzte eine Gabel, um Mayonnaise zu zaubern. Sie gab ein Eigelb in eine kleine Schüssel und nur mit einer Gabel und Olivenöl rührte sie eine Mayonnaise an. Bei mir klappt es so leider nicht, ich brauche einen Schneebesen. Meine Freundin Annie benutzt dazu einen Mixer. Sie mixt Eigelb, etwas Salz, 1 Prise Senfpulver und einen Schuss Weißweinessig und gießt in einem gleichmäßigen Strahl das Olivenöl dazu. In Windeseile hat sie eine Schüssel Mayonnaise gezaubert.

Das Geheimnis einer guten Mayonnaise: Alle Zutaten müssen Zimmertemperatur haben, Eier sollten natürlich frisch sein und das Olivenöl nicht zu dominant schmecken.

Frische Mayonnaise zubereiten

Ein Eigelb mit etwas Salz in eine kleine Schüssel geben. Mit dem Schneebesen verrühren, einige Tropfen Olivenöl zugeben und weiterrühren, noch einmal winzige Tropfen Öl zugeben und weiterrühren. Achten Sie darauf, wann das Ganze emulgiert. Weiter nach und nach tröpfchenweise das Öl unterschlagen.

Wenn die Mayonnaise konsistenter wird, geben Sie Öl in einem dickeren Strahl hinzu und rühren weiter. Schnell haben Sie dann eine ganze Schüssel Mayonnaise. Saft von einer halben Zitrone unterrühren. Die Farbe wechselt daraufhin von Buttergelb zu fast Weiß. Schließlich schmecken Sie mit etwas zusätzlichem Salz und etwas gemahlenem Pfeffer ab.

Servieren Sie die Mayonnaise in einer Schale zu Salat, oder rühren Sie diese für einen Kartoffelsalat mit etwas gehackter Petersilie unter warme Kartoffelviertel. Sie können die Mayonnaise mit etwas Knoblauch oder Tomatenpüree verfeinern; mit einer Prise Zucker und etwas Essig wird daraus eine Sauce zu Garnelen und mit fein gehacktem Dill und Kapern haben Sie eine Sauce zu selbst gemachten Fish and Chips.

Pochierte Eier

Verwenden Sie nur frische Eier – alte Eier lassen sich nicht gut pochieren.

Einen Topf zur Hälfte mit Wasser füllen und langsam aufkochen lassen, dann die Temperatur reduzieren, bis sich das Wasser kaum noch bewegt.

Das Ei in eine Tasse aufschlagen und vorsichtig ins Wasser gleiten lassen. Sobald das Ei ins Wasser kommt, beginnt es zu garen. Sie müssen nicht rühren und auch keinen Essig oder irgendetwas anderes zugeben, warten Sie einfach ab. Nach einigen Minuten das Ei wenden, und nach etwa 3–4 Minuten (bei einem kleinen Ei verkürzt sich die Zeit) mit einem Schaumlöffel herausnehmen.

Ich liebe pochierte Eier auf einem Salat mit etwas Hollandaise *(s. S. 99)* oder Mayonnaise *(s. li.)* als Mittagessen, zum Frühstück auf Toast oder als Abendbrot am Sonntag. Pochierte Eier schmecken zudem hervorragend auf Spinat oder mit etwas gedämpftem Frühlingsgrün und neuen Kartoffeln mit einer milden Zitronensauce.

Käse

Als ich in Old Hall lebte, lernte ich die Kunst der Käsezubereitung. Die Molkerei war gut ausgestattet, fettarmer Cheddar war ihr Hauptprodukt. Ich habe die Vollfettversion versucht und mit Weichkäse experimentiert, für den man fettere Milch verwenden kann.

Selbst gemachter Quark

Musselintuch, in kochendem Wasser eingeweicht und ausgewrungen
1 l Vollmilch
2 EL frischer Zitronensaft

Die Milch langsam aufkochen, einige Sekunden warten, dann den Herd ausstellen. Zitronensaft zugeben und durchrühren. Sobald das Ganze gerinnt, durch das Tuch abgießen. Den Quark im Tuch in ein Sieb legen und mit einem Teller bedecken. Teller mit Gewichten beschweren, z. B. einer Dose Bohnen, bis die Molke vollständig ausgetreten ist.

Kleiner Frischkäse

4 l Vollmilch
125 g Naturjoghurt
125 ml Buttermilch
1 TL Meersalz
Frisch gemahlener schwarzer Pfeffer

Die Milch auf 37 °C erhitzen. Joghurt und Buttermilch einrühren. Temperatur halten, bis die Milch sich in eine joghurtähnliche Substanz verwandelt hat. Die Masse weiter erhitzen, bis sie sich in Molke und Quark trennt.

Nach einigen Stunden den Quark in eine Schüssel geben, salzen und zu flachen Kugeln formen. In schwarzem Pfeffer wälzen.

Andere Serviervorschläge

Mischen Sie den Käse mit 4 Esslöffeln fein gehackten Frühlingskräutern.

Rollen Sie den Käse in feinen Schnittlauchröllchen.

Formen Sie den Käse zu walnussgroßen Kugeln und geben Sie diese mit Olivenöl, einer Chilischote sowie einigen Pfefferkörnern in ein Glas.

Formen Sie den Käse zu walnussgroßen Kugeln und wälzen Sie diese in frisch gemahlenem schwarzen Pfeffer und einigen frisch gehackten Kräutern.

Joghurt-Herzen mit Fruchtsauce

2 l griechischer Joghurt

Kleine Herzformen mit Muselintuch auslegen und bis zum Rand mit Joghurt füllen. Tuch über dem Joghurt zusammenlegen und mit einem entsprechend zugeschnittenen Stück Pappe und einem Gewicht belegen (ich nehme eine kleine Kaffeetasse). Über Nacht (am besten im Kühlschrank) abtropfen lassen. Zum Servieren die fester gewordenen Joghurtherzen auf Teller legen, mit etwas Fruchtsauce und einigen Beerenfrüchten anrichten und genießen.

Hafer-Cracker

Hafer-Cracker sind vielseitig und sind am besten immer vorrätig. Mein Rezept ist ein wenig ungewöhnlich, weil der Teig aus Hafermehl und Olivenöl zubereitet wird, was die Cracker herrlich knusprig macht. Teig dünn ausrollen und Ihre Lieblingsform auswählen – meine sind immer rechteckig.

125 g feines Hafermehl
100 g mittelfeines Hafermehl
¼ TL Natron
¼ TL Salz
1 EL Olivenöl
150 ml warmes Wasser

1. Den Backofen auf 170 °C vorheizen.
2. Einige Backbleche mit Butter bestreichen und mit Mehl bestäuben. Die trockenen Zutaten abmessen, in eine Schüssel geben und gut mischen. Olivenöl in das warme Wasser rühren und zu den anderen Zutaten in die Schüssel gießen. Mit dem Griff eines Holzlöffels zu einem weichen Teig verrühren.
3. Etwas feines Hafermehl auf die Arbeitsfläche stäuben und den Teig etwa 5 Millimeter dick ausrollen. Mit einem Messer oder einer Ausstechform in die gewünschte Form schneiden.
4. Die Cracker auf ein Backblech legen, mit einer Gabel einstechen und 15–20 Minuten backen. Damit sie knusprig werden, nach der Hälfte der Backzeit wenden.
5. Vom Backblech nehmen und zum Abkühlen auf einen Rost legen; bis zum Verzehr in eine Gebäckdose legen. Ungebackene Cracker kann man bis zu 3 Monate einfrieren. Einfach die TK-Cracker aufs Backblech legen und noch gefroren im Ofen backen.

Käse – Vorbereitung und Lagerung

Wer selbst Käse macht, sollte frisch gewaschenen und trockenen Mull bzw. Musselin verwenden. Kurz vor dem Gebrauch in kochendes, dann in kaltes Wasser tauchen und mit sauberen Händen auswringen.

Harter Käse wird weich, wenn man ihn in Buttermilch einweicht.

Damit weicher Käse nicht hart und schimmelig wird, ein Stück Würfelzucker mit in die Käseglocke legen.

Wickeln Sie Käse niemals in Kunststoff ein. Nehmen Sie stattdessen Pergamentpapier und stellen Sie den Käse in einer Käseglocke in den Kühlschrank.

Käse schmeckt am besten, wenn er Zimmertemperatur hat. Ein Brie oder Camembert sollte Raumtemperatur haben und schön weich sein, wenn er auf den Tisch kommt.

Frühjahrsputz

Frühjahrsputz macht man am besten an einem wolkenlosen sonnigen Tag. Öffnen Sie die Fenster, binden Sie sich eine Schürze um und sammeln Sie wenn möglich ein Team von Helfern um sich – und los geht's. Nehmen Sie sich einen Raum nach dem anderen vor. Ziehen Sie die Betten ab, waschen Sie die Unterdecken und Laken, wenden Sie Matratzen, lüften Sie Oberbetten und Wolldecken. Reinigen Sie alle Oberflächen mit einen selbst gemachten, gut duftenden Reiniger. Wischen Sie Regale ab, polieren Sie Böden, putzen Sie das Silber. Befreien Sie das Haus von Spinnweben, und wenn Ihr Zuhause am Abend blitzeblank ist, baden Sie bei Kerzenlicht in einem hübschen sauberen Badezimmer, ziehen Ihren Lieblingsbademantel an und gönnen sich einen Drink auf den Sommer, der jetzt kommen kann.

Haushalt

In Großmutters Zeit waren Reinigungsmaterialien und -werkzeuge einfach. Damals verwendete man Natron, Branntweinessig, Kernseife und Körperkraft, um die Häuser zu putzen. Es gibt einige moderne Reinigungsmittel, auf die ich nicht verzichten möchte – meine Gummihandschuhe gehören dazu –, aber insgesamt finde ich die traditionellen Methoden immer noch am besten.

Möbelöl mit Zitrone

Tragen Sie das Möbelöl sparsam auf und polieren Sie auf Hochglanz.

250 ml Olivenöl
20 Tropfen naturreines Zitronenöl

Olivenöl in eine saubere Flasche abfüllen, Zitronenöl zugeben, Flasche verschließen und kräftig schütteln. Etwas davon auf einen weichen Lappen geben, das Holz damit einreiben und auf Glanz polieren.

Möbelpflege mit Lavendel

50 g Bienenwachs
280 ml Terpentin
½ TL naturreines Lavendelöl

Terpentin und Wachs sind leicht entzündlich – gehen Sie vorsichtig damit um.

Bienenwachs in einer Schüssel über dem Wasserbad langsam schmelzen lassen. Schüssel vom Wasserbad nehmen, Terpentin und Lavendelöl unterrühren. In ein Glas füllen und abkühlen lassen. Etwas davon auf einen Lappen geben und die Möbel damit polieren.

Fensterreiniger

Für streifenfreie Fenster bereiten Sie eine Lösung aus einem Teil weißen Branntweinessigs und 4 Teilen Wasser zu. Die Flüssigkeit in ein Sprühgefäß füllen und mit einem Fensterleder oder zerknülltem Zeitungspapier auftragen.

Ausstattung und Materialien

Weicher Borstenbesen mit Holzgriff für polierte Fußböden

Festerer Borstenbesen mit Holzgriff für Teppiche und gröbere Böden

Metallkehrschaufel und Borstenbesen mit Holzgriff, um Schmutz aufzunehmen

Wischmopp und Eimer

Bürste und Poliertücher

Staubwedel aus Federn oder Lammwolle mit langem Griff

Lappen und Tücher

Weicher Malerpinsel zum Entstauben schwieriger Ecken

Weinbranntessig

Natron

Borax

Zitronen und Zitronensaft

Eimer und Schüsseln

Seifenflocken

Selbst gemachtes Desinfektionsmittel

Möbelpflege

Korbmöbel und Körbe reinigen

10 g Seifenflocken
25 g Meersalz
500 ml warmes Wasser
Weiche Scheuerbürste

Alle Zutaten in einer Schüssel mischen. Vorsichtig Korb oder Korbmöbel damit abreiben. Leicht abspülen und an der Luft trocknen lassen.

Pollenstaub entfernen

Entfernen Sie Pollenstaub sofort mit dicken Klebebändern von Textilien, Polstern oder Teppichen.

Fettflecken in Teppichen

Bereiten Sie eine Lösung aus 1 Teil Salz und 4 Teilen Methylalkohol zu und reiben Sie damit so lange den Fettfleck ein, bis er verschwindet.

Bambus reinigen

Wischen Sie Bambus mit einer milden Lösung aus Salz und Wasser ab. Salz verhindert, dass Bambus vergilbt. Mit einem weichen Lappen abtrocknen.

Seidenblumen säubern

Geben Sie einige Esslöffel feines Salz in einen Papierbeutel. Jeweils eine Blume nehmen, den Blütenkopf in den Beutel stecken, fest zudrücken und kräftig schütteln. Wieder herausnehmen.

Messing und Kupfer

Mischen Sie zu gleichen Teilen Salz, Weizenmehl und Essig. Die Gegenstände damit einreiben, in Seifenwasser abspülen und putzen.

Küchenoberflächen

Wischen Sie Küchenoberflächen mit einer Lösung aus 1 Teil Branntweinessig und 6 Teilen Wasser ab. Geben Sie die Lösung in ein Sprühgefäß.

Kühlschränke

Leeren Sie alle zwei Wochen den Kühlschrank. Waschen Sie die Ablagen in heißem Seifenwasser ab und streuen Sie Natron auf Flecken. Mit einem Lappen abwischen und abtrocknen. Flaschen und Gläser reinigen Sie mit einer schwachen Lösung aus Weinbranntessig und Wasser. Stellen Sie eine kleine Schale mit Natron in den Kühlschrank, damit unangenehme Gerüche aufgenommen werden.

Schneidbretter

Schneidbretter aus Holz sind allen anderen überlegen. Reiben Sie diese mit etwas Essig oder Zitronensaft und Salz ab, um sie zu desinfizieren.

Küchentische aus Holz

Reiben Sie die Tischplatten mit Essigwasser ab. Danach mit etwas Zitrone und Möbelöl mit Zitrone (*s. S. 38*) einreiben.

Silber putzen

Alufolie
500 ml kochendes Wasser
½ Tasse Natron
1 Porzellan-, Glas- oder Emailleform

Der Reinigungseffekt entsteht durch eine chemische Reaktion zwischen der Aluminiumfolie und dem Natron. Wollen Sie etwas Kleines, z. B. eine Silberbrosche, reinigen, brauchen Sie natürlich von allem weniger. Das Teil, das gereinigt werden soll, muss die Alufolie berühren. Gießen Sie reichlich kochendes Wasser dazu, damit die Löffel (wie hier) mit dem Natron in Berührung kommen. Es gibt dann eine leichte chemische Reaktion, man hört es am leichten Perlen. Nach einigen wenigen Minuten nehmen Sie die Teile heraus und waschen diese in klarem Wasser ab. Anschließend mit einem weichen Lappen polieren. Stark getrübte Teile benötigen vielleicht einige Behandlungen.

Bienenwachs-Orangenblüten-Bodenpolitur

100 g Bienenwachs
25 g Seifenflocken
200 ml natürliches Terpentin
Naturreines Neroliöl

Wachs in einer Schüssel über dem Wasserbad schmelzen. Ist das Bienenwachs geschmolzen, Seifenflocken und Terpentin gut untermischen. Schüssel vom Wasserbad nehmen, einige Tropfen Neroliöl zugeben und weiterrühren, bis die Mischung fester wird. In ein weites Glas füllen und abkühlen lassen.

Küchenspülen

Wischen Sie diese täglich mit etwas Natron und Wasser aus, dann lassen Sie kaltes Wasser nachlaufen. Für eine glänzende Spüle geben Sie etwas Öl auf einen Lappen und reiben die Spüle damit ein.

Kalkablagerungen entfernen

Wischen Sie den Kalk mit Essig und Natron weg. Mit einer alten Zahnbüste kommen Sie auch in schwierige Ecken. Mit einem weichen Lappen nachtrocknen.

Glanz bewahren

Haben Sie alle Metallflächen in der Küche gereinigt, geben Sie etwas Olivenöl auf einen weichen Lappen und reiben damit noch einmal nach.

Backformen und Dosen

Mit Geschirrspülmittel reinigen und abtrocknen. Haftet ihnen noch Geruch an, geben Sie etwas Essig auf einen Lappen und lassen diesen über Nacht darin liegen. Dann noch einmal abwaschen und abtrocknen.

Herd und Ofen

Mit heißem Seifenwasser auswischen und dann mit einer Paste aus Natron und Wasser die Flecken entfernen. Abspülen und mit einem weichen Lappen trocknen.

Rostige Küchengeräte

Versuchen Sie den Rost mit einer in Natron getauchten Kartoffelhälfte abzureiben. Abspülen und abtrocknen, dann mit einem weichen Lappen und etwas Olivenöl abwischen, damit der Rost sich nicht wieder bildet.

Küchentipps

Die Tülle einer Teekanne reinigen Sie mit Salz, das Sie über Nacht einweichen lassen.

Flecken in Flaschen und Dekantern verschwinden, wenn Sie diese mit heißem Wasser und etwas Reis füllen und gut schütteln.

Haben Sie Zwiebeln geschält, reiben Sie die Hände hinterher mit etwas Natron ein, damit der Geruch verschwindet.

Essig im Spülwasser entfernt Fischgeruch aus Porzellan.

Natürliches Fungizid

Einen Teelöffel Teebaumöl und 3 Liter Wasser mischen, in eine Sprühflasche füllen und Oberflächen damit absprühen. Das verhindert Schimmelpilzbildung im Bad.

Fugenreiniger

Bereiten Sie eine Paste aus Natron und Zitronensaft zu und nehmen Sie eine alte Zahnbürste, um dunkle Stellen in Fugen zu reinigen.

Im Frühlingsgarten

Im Frühjahr erwacht der Garten zu neuem Leben. Arbeiten Sie die Erde durch, um die ersten Unkräuter gleich zu verbannen, säen Sie Kapuzinerkresse in Töpfen aus und pflanzen Sie Stiefmütterchen. Haben Sie Platz, können Sie jetzt den Salat für viele Monate Ernte aussäen; wenn nicht, säen Sie ihn in Töpfen aus.

Kartoffelpuffer

Schälen und reiben Sie einige große Kartoffeln in ein Sieb. Einige Minuten abtropfen lassen, dann noch einmal ausdrücken. Kartoffeln in eine Schüssel geben und einige Esslöffel Mehl sowie Salz und Pfeffer unterrühren. Zutaten gut verrühren, in eine Pfanne Olivenöl etwa 5 Millimeter hoch einfüllen und erhitzen. Kartoffelpuffer von beiden Seiten darin goldbraun ausbacken. Gesalzen und gepfeffert sind sie ein herrlicher Snack oder eine Beilage.

Tarte mit Kartoffelkruste

Den Backofen auf 180 °C vorheizen.

3 oder 4 Kartoffeln auf ein sauberes Küchenhandtuch reiben, einige Minuten ruhen lassen, dann die Enden des Tuchs zusammennehmen und möglichst viel Flüssigkeit ausdrücken. Kartoffeln in eine Schüssel geben und einige Esslöffel Weizenmehl und etwas Salz und Pfeffer unterrühren.

Eine Pieform mit Butter bestreichen, die geriebene Kartoffelmischung darin verteilen.

2 Eier mit 300 Millilitern Milch verschlagen und darübergießen. Zum Schluss 140 Gramm geriebenen Käse darüberstreuen.

40 Minuten im Backofen backen, bis eine schöne Kruste entstanden ist.

Gnocchi

Köstliche kleine Klöße aus zerdrückten Kartoffeln, Eiern und Mehl – ein italienischer Klassiker. Dazu schmeckt frische Tomatensauce und geriebener Parmesan-Käse.

1 kg Kartoffeln
350 g Weizenmehl
1 großes und 2 kleine Eier
1 Schuss Olivenöl

Kartoffeln schälen, garen und zerstampfen. Mehl und Eier unterarbeiten und Olivenöl unterrühren. Salzen und pfeffern. Aus dem Teig kleine Kugeln formen, flach drücken, in kochendem Salzwasser garen, bis die Gnocchi an die Oberfläche kommen. Warm halten und sofort mit warmer Tomatensauce und reichlich Parmesan servieren.

Bescheidene Kartoffeln

Kartoffeln gedeihen in einem guten Boden, arbeiten Sie vor dem Pflanzen etwas Mist unter. Pflanzkartoffeln (Kartoffeln, die keimen) in Reihen von 40 Zentimetern Abstand setzen. Anfangs müssen Sie nicht jäten, doch schon bald kommen die Pflanzen ans Licht, dann halten Sie das Unkraut fern. Haben die Pflanzen geblüht, kann die Ernte beginnen. Kartoffelblüten und die kleine Frucht sind übrigens hochgiftig!

Haben Sie nicht so viel Platz im Garten, geht es auch anders. Nehmen Sie Hammer und einen großen Nagel, um Löcher in den Boden eines Kunststoffeimers zu schlagen. Einige Stücke Holzkohle auf den Eimerboden legen und zur Hälfte mit Kompostgemisch füllen. Eine keimende Kartoffel daraufsetzen und den Eimer mit Kompostgemisch füllen. Den Eimer in eine Ecke stellen, die morgens sonnig und nachmittags schattig ist. Regelmäßig wässern.

Saat für Salatgarten

Gemischter Blattsalat – junge Blätter ernten, sie wachsen nach.

Eichblattsalat – ernten Sie von jedem Salat einige Blätter.

Spinat – die Saat vorher einweichen; die jungen Blätter für Salate und Pfannengerührtes pflücken.

Schnittlauch – rund um das Salatbeet eine Schnittlauchkante säen, um Schnecken aller Art abzuhalten. Verwenden Sie Halme und Blüten für Salat.

Süßdolden (Myrrhenkerbel) – können Sie im Frühling und Sommer ernten; fein hacken und auf Salate streuen.

Petersilie – die Saat vor dem Pflanzen eine Nacht in Wasser einweichen.

Basilikum – einige Saatkörner direkt auf den Boden streuen oder in Töpfe; mit einer dünnen Schicht Erde bedecken. Blätter ernten, Blüten sofort entfernen, um das Wachstum anzuregen.

Kerbel – ein königliches Kraut für Salat, wächst schnell und ist 8 Wochen nach der Aussaat zu ernten. Die Saat direkt in die Erde geben und wachsen lassen.

Eigenen Salat anbauen

Nur wenig Platz ist erforderlich, um Grünes anzubauen und jeden Tag Salat essen zu können.

Etwa 2 Meter im Quadrat umgraben. Die Erde durch das Unterarbeiten von etwas Kompost verbessern. Planen Sie das Beet und kaufen Sie Saat. Ist der Frost vorbei, säen Sie die Saat an einem sonnigen Tag bei abnehmenden Mond aus. Wässern Sie den Salatgarten gut und, falls nötig, decken Sie ihn mit einem Netz ab, damit Vögel und Tiere fernbleiben.

Wächst der Salatgarten an einer Mauer oder vor einem Rankgitter, pflanzen Sie Zuckererbsen in die hintere Reihe. Ernten Sie diese ab, sobald sie da sind, das erhöht die Ernte.

Kürbis pflanzen

Zeit, um einen Kürbiskern oder einige Kürbiskerne in die Erde zu stecken, wenn Sie Platz haben! Kürbiskerne 1 Stunde in Wasser einweichen. Einige kleine Pflanztöpfe mit Blumenerde füllen und in jeden Topf etwa 1 Zentimeter tief einen Kern stecken. Den Boden festdrücken und wässern. Töpfe in einem warmen Raum auf eine helle, aber nicht sonnige Fensterbank stellen und jeden Tag gießen. Langsam werden die Samen keimen und hoffentlich zu starken Pflanzen werden. Ist die Frostgefahr gebannt, pflanzen Sie die Pflänzchen in eine sonnige Gartenecke. Regelmäßig gießen – dann können Sie am Ende des Sommers einige Kürbisse ernten.

Knoblauch auf der Fensterbank

Stecken Sie drei Knoblauchzehen in einen Topf (15 cm Durchmesser) mit guter Blumenerde. Stellen Sie den Topf auf eine sonnige Fensterbank und gießen Sie regelmäßig – mit etwas Glück sprießen Pflanzen hervor und irgendwann haben Sie drei Knoblauchknollen.

SOMMER

Was Sommer heißt, habe ich erst in England erfahren. Dort bedeutet Sommer Rosen und Lavendel, Pfirsiche und Pflaumen, singende Lerchen, frische Limonade und pralle Erdbeeren mit Sahne. Nehmen Sie sich zwischen der Zubereitung von Konfitüren und dem Feiern von Sommerfesten die Zeit für einen Trip ans Meer – genießen Sie die Zeit und sammeln Sie schöne Erinnerungen, von denen Sie im Winter zehren können.

Der Sommergarten

Niemand sollte ohne Garten leben, sei es ein Blumenkasten, eine Pflanze auf einer sonnigen Fensterbank oder ein Blumenfeld. Gartenarbeit ist gut für Geist und Seele. In jedem Sommer meines Erwachsenenlebens habe ich auch Obst und Gemüse angebaut.

Kräuter von der Fensterbank

In Supermärkten gibt es Topfkräuter, die sofort verzehrt werden können – und müssen. Sie eignen sich nicht zum Einpflanzen. Kaufen Sie lieber gesunde Pflanzen in einem Gartencenter, und dazu auch gleich gute Blumenerde. Zu Hause topfen Sie die Pflanzen in einen größeren, hübscheren Topf um. Regelmäßig wässern und ein wenig Zeit lassen, bevor Sie Blätter abpflücken. Petersilie, Schnittlauch und Basilikum wachsen hervorragend auf einer sonnigen Fensterbank.

Kräuterkästen

Schnittlauch, Petersilie, Zitronenthymian und Rosmarin gedeihen in Blumenkästen. Den Zitronenthymian vorn in den Kasten pflanzen, da er sehr flach wächst. Schnittlauch bringt Sommerfarbe, und ist der Blumenkasten groß genug, können Sie zwischen die einzelnen Kräuter rankende Kapuzinerkresse pflanzen. Blumenkästen benötigen reichlich Wasser und regelmäßig Dünger.

Richtig aussäen

Saat benötigt Feuchtigkeit und Wärme. Legen Sie größere Saat tiefer in die Erde als kleine Saatkörner. Außerdem keimt Saat besser im Dunklen, deshalb sollte sie mit einer Schicht Erde bedeckt sein – Saat, die auf der Erde liegt, neigt dazu auszutrocknen und zu schnell zu keimen. Wollen Sie Saat in den Gartenboden bringen, sollten Sie diesen vorher jäten, umgraben und harken. Saat und Sämlinge müssen eventuell vor Schnecken, hungrigen Vögeln oder Katzen geschützt werden. Lassen Sie Saat oder junge Pflanzen nie verdursten, wässern Sie mit einem feinen Sprühnebel – frühmorgens und am späten Nachmittag.

Kapuzinerkresse aussäen

Kapuzinerkresse gibt es mit grünen und panaschierten Blättern, die Blüten können viele Farben haben: vom blassesten Gelb über Orange bis hin zu Rot. Kapuzinerkresse wächst unglaublich schnell und einträglich. Säen Sie sie in Töpfen oder im Garten aus, wässern Sie sie gut – und in einigen Wochen haben Sie hübsche, duftende Blätter für Salate und Blumen zum Garnieren. Später können die grünen Samenkapseln wie Kapern eingelegt werden.

Eingelegte Kapuzinersamenkapseln

Pflücken Sie die Samenkapseln, wenn sie dick und grün sind, genug für einige Gläser. Kochen Sie 250 Milliliter Weißweinessig mit ½ Teelöffel Salz und einigen Pfefferkörnern auf. Kocht der Essig, sofort über die Samenkapseln gießen, die Gläser verschließen und beschriften. Nach drei Wochen sind die Samenkapseln verzehrbereit – verwenden Sie diese wie Kapern. Köstlich, um Salate zu garnieren, auf Pizza oder gehackt mit Frischkäse verrührt.

Schnecken loswerden

Halten Sie Ausschau nach Schnecken aller Art und entfernen Sie sie, wenn Sie welche entdecken. Setzen Sie sie in der Wildnis aus oder beseitigen Sie sie. Streuen Sie zerkrümelte Eierschale oder Kies rund um die Salatbeete und um andere zarte Pflänzchen. Sie können auch einige wenige „Schneckenkneipen" bauen: vergraben Sie leere Joghurtbecher in der Erde, füllen Sie diese zur Hälfte mit Bier und warten Sie ab. Vergessen Sie aber nicht, die Fallen morgens zu leeren.

Stecklinge setzen

1 Pflanztopf (20 cm Durchmesser)
Blumenerde
Pflanzstab oder Stock
Gießkanne und Wasser

1 Einige Pflanzen lassen sich leicht aus Saat fortpflanzen; andere (etwa Erdbeerpflanzen) entwickeln Ausläufer – blattartige Stiele, die selbst Wurzeln ausbilden. Viele Pflanzen lassen sich durch Teilung einer größeren Wurzel in kleinere vermehren (Astern, Estragon) – und wieder einige vermehrt man am besten über Stecklinge (Rosmarin, Lavendel, Weide).

2 Nach der Blüte ist die beste Zeit für Stecklinge. Am besten entfernen Sie einen gesund aussehenden Zweig, indem Sie diesen nach unten wegziehen. So haben Sie einen Steckling mit einem kleinen Endstück.

3 Die Stecklinge in kurzen Reihen direkt in die Erde pflanzen oder einen Topf mit Blumenerde füllen und drei oder vier Stecklinge hineinsetzen. Bis auf ein Drittel alle Blätter abschneiden und mit einem Stock oder Pflanzstab ein Loch in die Erde machen. Die Stecklinge tief in die Löcher setzen. Rundherum den Boden festdrücken und wässern.

4 Läuft alles gut, werden Sie bald frisch sprießendes Grün sehen. Haben die Pflanzen gut gewurzelt, können Sie sie verpflanzen. Gut wässern und der Natur ihren Lauf lassen. Nicht jeder Stecklinge wächst gut an, also nehmen Sie mehr, als Sie eigentlich benötigen.

Töpfe aus Packpapier

Ich nehme entweder Zeitungs- oder Packpapier und falte es diagonal zur Hälfte. Dann rolle ich daraus einen Zylinder mit einem Durchmesser von ungefähr 12 Zentimetern (ich nehme leere Konservendosen zur Hilfe). Den Boden zusammenfalten und mit Blumenerde füllen.

Hausmittel aus dem Garten

Aus Sommerkräutern und Blumen lassen sich Cremes und Salben zubereiten, die Sie das ganze Jahr nutzen können. Duftende Handcremes mit ätherischen Ölen wie Rosmarin und Lavendel für Gärtner, mildere Düfte für Damen und Salben mit der heilenden Kraft der Ringelblume.

Handcreme für den Gärtner

Schützen Sie die Hände, wenn Sie im Garten arbeiten, am besten mit Gartenhandschuhen. Wenn Sie gern die Erde auf der Haut fühlen, stecken Sie die Nägel vorher in ein Stück weiche Seife und cremen sich die Hände und Handgelenke mit Vaseline ein. Nach der Gartenarbeit sofort die Hände mit Seife und etwas Salz waschen und mit einer Handbürste die Seife unter den Nägeln entfernen. Handcreme auftragen und gut einmassieren.

Handcreme

2 EL Kakaobutter
2 EL Bienenwachsgranulat oder die gleiche Menge aus einer Bienenwachskerze geschnitten
4 EL Mandelöl
2 Kapseln Vitamin-E-Öl
10 Tropfen Rosmarinöl
10 Tropfen Lavendelöl
6 Tropfen Eukalyptusöl

Alle Zutaten in einer Porzellanschüssel im Wasserbad erwärmen. Dann mit einem Rührbesen langsam die Mischung umrühren, bis alle Zutaten flüssig sind. Schüssel vom Topf nehmen. Kühlt die Mischung unter Rühren ab, wird etwas Luft mit eingeschlagen – und Sie haben eine herrlich schaumige Handcreme.

Aloe vera bei kleinen Verbrennungen

Bei geringfügigen Verbrennungen halten Sie den betroffenen Bereich 5 Minuten unter fließend kaltes Wasser, dann bestreichen Sie die Stelle mit Aloe-vera-Gel. Dafür schneiden Sie einfach ein Stück eines Blattes ab und kratzen das Innere heraus.

Ringelblumensalbe

Ich bekam das Rezept kurz nach der Geburt meines ersten Kindes. Seitdem habe ich sehr viele Töpfe Ringelblumensalbe zubereitet.

2 Tassen frische Ringelblumenblütenblätter
350 ml Mandelöl
50 g Bienenwachs

Blütenblätter mit Mandelöl in einem weiten Glas 2 Wochen auf eine sonnige Fensterbank stellen. Dann in einem kleinen Topf bei niedriger Hitze erwärmen, Bienenwachs zugeben und erhitzen. 30 Minuten bei schwacher Hitze köcheln, dann durch ein Sieb in ein sauberes Glas abseihen. Eignet sich zur Behandlung kleinerer Wunden.

Mutterkraut bei Migräne

Essen Sie täglich ein Brot mit einem Blatt frisch gepflückten Mutterkrauts. Nach einigen Monaten sollten die Migräneanfälle seltener auftreten und nicht mehr ganz so heftig sein.

Heuschnupfen und Honig

Essen Sie täglich einen Teelöffel Honig von einem Bienenstock aus der Region, um Heuschnupfensymptome zu lindern. Das ist etwas langwierig, denn Sie müssen den Honig eine ganze Saison essen, bevor sich die Wirkung zeigt, aber bei mir hat es funktioniert!

Ein Cocktail gegen Sommererkältungen

Geben Sie in einen elektrischen Mixer: eine halbe Tasse kalten Tomatensaft, einen Spritzer Zitronensaft, einen Spritzer Soja, eine große, geschälte Knoblauchzehe, eine halbe, gehackte Zwiebel, einige Basilikum- und Petersilienblätter. Etwas Eis zugeben und mixen. In ein Cocktailglas füllen und sofort trinken.

Gegen schlechten Atem hilft es, etwas Petersilie zu kauen.

Hat Sie eine Biene gestochen, legen Sie eine Scheibe Zwiebel auf die schmerzende Stelle.

Wespenstiche lindern Sie mit einem Spritzer Zitronensaft.

Blumen für zu Hause

Streuen Sie Saat aus oder pflanzen Sie im Frühling Jungpflanzen. Haben Sie Platz in Ihrem Gemüsegarten, können Sie Blumenreihen zum Pflücken pflanzen, sonst planen Sie Schnittblumen im Beet ein.

Pflege für Vasen

Nach der Benutzung Vasen in Seifenwasser spülen, anschließend kurz mit etwas Weinbranntessig und Natron das Innere ausreiben. Nach dem Abspülen die Vase möglichst auf dem Kopf trocknen lassen. Jedes wasserdichte Gefäß eignet sich als Vase, und hat eines Ihrer Lieblingstücke einen Knacks, legen Sie diese Vase mit einem wasserdichten Plastikbeutel aus und füllen Sie dann mit Wasser. Stellen Sie Vasen nicht in die Nähe heißer Heizkörper oder in den Luftzug, damit die Blüten länger leben. Um polierte Oberflächen zu schonen, sollte man unter die Vase einen Untersetzer stellen.

Pflege für Schnittblumen

Ob Sie die Blumen nun kaufen oder im Garten pflücken: Stellen Sie sie sofort ins Wasser.

Pflücken Sie Gartenblumen am frühen Morgen, die Blüten halten dann länger.

Pflücken Sie Osterglocken erst, wenn die Blüte im rechten Winkel zum Stängel steht.

Bevor Sie Blumen in Schalen oder Vasen arrangieren, schneiden Sie die Stängel schräg an, dann stellen Sie sie sofort ins Wasser. Das Wasser täglich austauschen oder wenigstens frisches kaltes Wasser zugießen.

Blumen, die schlaff aussehen, nimmt man aus der Vase, schneidet einige Zentimeter von den Stielen ab und hält sie dann für 10 Sekunden in kochendes Wasser, bevor man sie mit einem Schuss Limonade oder einem Teelöffel Zucker wieder in frisches kaltes Wasser stellt.

Eine Blume mit gebrochenem Stiel führen Sie durch einen Strohhalm, dann können Sie diese im Arrangement verwenden.

Werfen Sie einige Kupfermünzen in eine Vase mit Tulpen, sie bleiben dann aufrecht stehen. Der Tipp meiner Schwiegermutter: Mit einer Nadel einige Male in den Tulpenstiel etwas unterhalb der Blüte stechen hat den gleichen Effekt.

Mischen Sie nie Zwiebelpflanzen mit Einjährigen.

Entfernen Sie Blätter und Dornen, die im Wasser stehen. Vor allem Blätter faulen schnell im Wasser und erzeugen einen unangenehmen Geruch.

Damit Ihre Arrangements wieder munter werden, besprühen Sie diese ab und zu mit kaltem Wasser.

Stellen Sie Blumen nie in die pralle Sonne, neben eine Heizung oder in den Durchzug.

Entfernen Sie bei Lilien die Staubgefäße – schneiden Sie diese nicht ab, sondern zupfen Sie sie vorsichtig heraus.

Gute Schnittblumen

Blumen mit kurzen Stielen:
Kapuzinerkresse
Stiefmütterchen
Vergissmeinnicht
Duftwicke
Nelke
Roter Baldrian

Mittelhohe Blumen:
Ringelblume
Zinnie
Jungfer im Grünen
Wiesensalbei
Osterglocke
Tulpe
Maiglöckche
Kletterrosen und Rambler

Langstielige Blumen:
Iris
Lilie
Minze
Rittersporn
Hortensie

Blätter von Topfpflanzen entstauben Sie mit einem Baumwolllappen, den Sie zuvor in Milch eingeweicht haben.

Rosen

Welche Frau kann einem Strauß duftender roter Rosen widerstehen – ich auf jeden Fall nicht! Ich versuche, stets Rosen in meinem Zimmer zu haben, frische im Sommer, Potpourris im Winter.

Rosenblütengelee

500 ml Wasser
500 g weißer Zucker
Saft von 1 Zitrone
2 Tassen duftende Rosenblütenblätter
3 TL Rosenwasser

Wasser in einen Topf geben, Zucker und Zitronensaft einrühren, auf den Herd stellen und zum Kochen bringen. Rühren, damit der Zucker sich auflöst. Rosenblütenblätter in den Topf geben und 7 Minuten kochen, dann die Gelierprobe machen (*s. S. 15*). Schnell Rosenwasser einrühren, in Gläser füllen und zuschrauben.

Rosenmilchbad

1 Tasse Hafermehl
1 Tasse Haferflocken
1 Tasse getrocknete duftende Rosenblütenblätter
8 Tropfen Rosenöl
1 Handvoll frische Rosenblütenblätter

Stellen Sie einfache Mullbeutel her, befüllen Sie jeden mit 4 Esslöffeln von dieser Mischung, binden Sie die Beutel mit einem langen Band zusammen und legen Sie sie in ein großes Glas. Zum Baden zwei Beutel entnehmen und ins einlaufende warme Wasser hängen. Einige frische Rosenblätter ins Wasser streuen und das Bad genießen.

Duftende Rosenhandcreme

Die uralte Kombination von Rosenöl, Kakaobutter und süßem Mandelöl wird zu einer Handcreme, die Ihre Hände weich macht und pflegt. Ätherische Öle sind sehr wirksam und deshalb vorsichtig anzuwenden. Sie sollten niemals unverdünnt auf die Haut gelangen.

2 EL Kakaobutter
40 g Bienenwachs
2 EL Rosenwasser
4 EL Mandelöl
2 Vitamin-E-Ölkapseln
8 Tropfen Rosenöl

Bienenwachs, Kakaobutter, Rosenwasser und Mandelöl in einer Schüssel übers Wasserbad stellen. Wachs und Kakaobutter sollten schmelzen und sich mit dem Öl verbinden.

Die Schüssel vorsichtig herausnehmen und auf die Arbeitsfläche stellen. Das Vitamin-E-Öl zugeben. Dafür müssen Sie die Kapsel aufschneiden und das Öl herausdrücken. Jetzt das Rosenöl zugeben.

Mit einem Schneebesen die Zutaten gut verrühren. Weiterrühren, bis die Mischung ein wenig an geschlagene Sahne erinnert.

Die Handcreme in hübsche, weite Gläser füllen. Kühlt die Creme ab, wird sie fest. Die Gläser beschriften.

Rosenblütenblätter

Man kann Rosenblütenblätter verzuckern, kandieren, für Konfitüren und Gelees verwenden, Zucker damit aromatisieren, Salate verfeinern und als Garnitur für Desserts verwenden. In der Türkei werden duftende Rosenblütenblätter zum Aromatisieren von Lammgerichten und Reis verwendet.

Nehmen Sie nur unbehandelte Blüten. Alte Rosensorten duften übrigens am besten.

Rosenblüten und Wildreis

Kochen Sie eine Mischung aus Wild- und Basmatireis. Kurz vor dem Servieren mischen Sie eine kleine Handvoll duftende rote Rosenblütenblätter unter den Reis. Die Blütenblätter 1 Minute darin „garen". Der Reis duftet verführerisch und sieht einfach wunderbar aus! Dazu schmecken Lamm oder Geflügel.

Mottenschutz für Wollsachen

Füllen Sie getrocknete Lavendelblüten im kleine Leinensäckchen und legen Sie diese zwischen Ihre Wollsachen. Der Duft hält Motten fern. Sie können aber auch ätherisches Lavendelöl auf Watte sprühen und diese an strategisch wichtigen Stellen im Schrank platzieren. Sie erfüllen denselben Zweck. Lavendel unter dem Schlafzimmerfenster duftet übrigens nicht nur schön, sondern hält auch Insekten ab.

Lavendel

Ich bin immer wieder erstaunt, dass der Duft von Lavendel, den ich einatme, noch genau derselbe Duft ist, den eine Frau vor Tausenden von Jahren wahrgenommen hat. Ich stelle mir die Römerinnen vor, die vor rund 2000 Jahren in Britannien siedelten und Lavendel mitbrachten.

Lavendel pflanzen

Lavendel mag sonnige, durchlässige Standorte. Schneiden Sie im Sommer Stecklinge von einer gesunden Pflanze. Suchen Sie dafür einen etwa 15 Zentimeter langen Zweig und reißen ihm nach unten vom Hauptstängel ab. Er sollte so ein kleines „Füßchen" haben. Fest in feuchte Erde einpflanzen, nur 5 Zentimeter oberirdisch herausschauen lassen. Pflanzen Sie eine Reihe von Stecklingen, falls nicht alle anwachsen. Es dauert 6–8 Wochen, bis Sie die Lavendelpflänzchen an einen sonnigen, durchlässigen Standort verpflanzen können. Gießen Sie nicht zu viel.

Lavendelblüten von kräftigen Pflanzen werden geerntet, sobald sie blühen. Schneiden Sie Lavendel im Herbst zurück, um das Wachstum der Pflanze anzuregen.

Lavendel ernten

Ernten Sie Lavendel morgens vor der großen Hitze. Zum Trocknen binden Sie kleine Sträuße zusammen und hängen diese an einem kühlen und trockenen Ort auf. Mit frisch gepflücktem Lavendel können Sie Zucker aromatisieren; geben Sie hierfür 10 Blütenköpfe mit 500 g feinem Zucker in ein Glas und lassen dies 2 Wochen ruhen. Lavendelzucker können Sie für Gebäck oder andere Köstlichkeiten verwenden. Lavendelblüten eignen sich auch für Potpourris, als Blüte in Sommersträußen oder, in Öl und Wachs gekocht, als duftende Möbelpolitur.

Ein mildes Lavendelfußbad

Stellen Sie eine geeignete Schüssel auf den Boden vor Ihren Lieblingsstuhl. Gießen Sie genug heißes Wasser hinein. Jetzt fügen Sie noch 3 Tropfen ätherisches Lavendelöl und eine halbe Tasse Bittersalz hinzu. Ist das Wasser etwas abgekühlt, genießen Sie das warme Fußbad.

Lavendelhandcreme

3 Lavendelblütenrispen
30 ml kochendes Wasser
30 g Bienenwachs
1 TL emulgierendes Wachs
125 ml Mandelöl
10 Tropfen Lavendelöl

Kochendes Wasser über die Blütenrispen gießen und diese darin ziehen lassen, bis das Wasser abgekühlt ist. Durch ein Mulltuch abseihen. Lavendelwasser und die restlichen Zutaten in einer Porzellanschüssel im Wasserbad erwärmen. Mit einem kleinen Rührbesen zu einer dicken Creme aufschlagen.

„Lavendelflaschen"

Pflücken Sie lange Lavendelrispen, wenn die Pflanze in voller Blüte ist. Für jede Flasche brauchen Sie 11 Stängel und 1 Meter Band. Die Lavendelrispen bündeln und knapp unterhalb der Blüten mit einem Satin- oder Geschenkband abbinden. Das Band sollte ein kurzes Ende (etwa 30 Zentimeter) haben und ein langes. Den Strauß nun so drehen, dass die Blüten in der Hand liegen und die Stiele nach oben zeigen. Die Stiele nacheinander im Kreis herum um die Blüten vorsichtig nach unten umknicken (dabei aber nicht abknicken). Da kürzere Ende des Bandes zwischen den Stielen nach unten fallen lassen. Mit dem langen Bandteil immer im Kreis herum weben. Arbeiten Sie so weiter, bis Sie alle Blüten völlig eingeschlossen haben. Beide Bänder nun noch zweimal um die Stängel wickeln, festknoten und zur Schleife binden.

Lavendelhonig

Geben Sie 4 Lavendelblütenrispen in ein Glas flüssigen Honig. Das Glas verschließen und einige Wochen auf eine sonnige Fensterbank stellen. Lavendel herausnehmen. Der Honig ist jetzt genussfertig.

Lavendelzucker

500 g feinen Zucker in ein großes Glas geben und 4 Esslöffel frisch gepflückte Lavendelblüten untermischen. 6 Tropfen ätherisches Lavendelöl auf einen Wattebausch geben und ebenfalls ins Glas legen. Das Glas verschließen und gut schütteln. 2 Wochen ziehen lassen. Das Glas öffnen, den Zucker durchsieben und wieder ins Glas füllen.

Lavendel-Shortbread

Das Gebäck muss langsam backen, damit es knusprig wird und im Munde zergeht.

200 g Weizenmehl
50 g gemahlener Reis
150 g Lavendelzucker
2 geh. TL frische Lavendelblüten
2 gebutterte Kastenformen (18 cm)

1 Den Backofen auf 160 °C vorheizen.

2 Mit den Fingern Mehl, Reis und Lavendelzucker mischen. Wenn die Mischung grob bröselig ist, die frischen Lavendelblüten unterarbeiten.

3 Die Mischung halbieren und in die beiden vorbereiteten Formen füllen und gut festdrücken.

4 45 Minuten backen. Aus dem Ofen nehmen, 1–2 Minuten ruhen lassen, dann in Scheiben schneiden. Abkühlen lassen, dann aus der Form nehmen.

Obst und Gemüse im Sommer

Der sommerliche Überfluss von Obst und Gemüse bietet reichlich Gelegenheit, um den Gefrierschrank und die Vorratsregale mit Köstlichkeiten zu füllen. Tomaten können eingemacht, getrocknet, in Konfitüre oder Chutney verarbeitet oder zu Saucen gekocht werden – eine Erinnerung an den Sommer in den langen Wintermonaten.

Sonnengetrocknete Tomaten

Tomaten halbieren, die Kerne herauskratzen und die Hälften mit etwas feinem Meersalz bestreuen. Tomatenhälften 1 Stunde mit der Schnittseite nach unten auf einem Rost trocknen lassen, dann wenden und in die Sonne stellen. Ist es draußen richtig heiß, sind die Tomaten nach zwei bis drei Tagen trocken genug, um sie mit Olivenöl in eine Flasche zu füllen.

Die getrockneten Tomaten sind etwas ledrig, aber gut zu kauen. Schneiden Sie sie klein und streuen Sie sie auf Salate oder Pizza oder mischen Sie sie mit etwas Knoblauch und Chili unter Spaghetti.

Ofengetrocknete Tomaten

Tomaten halbieren, Kerne herauskratzen und Tomaten auf ein Backblech legen. Tomaten mit etwas Salz bestreuen und Olivenöl beträufeln. Im warmen Backofen bei niedrigster Temperatur etwa 4 Stunden trocknen. So getrocknete Tomaten haben ein intensiveres Aroma. Sie bereichern Suppen und Pastagerichte und schmecken auch in Salaten.

Grüne Tomaten-Konfitüre

Ergibt 4 Gläser

1 kg grüne Tomaten
1 kg Zucker
Saft von 1 Zitrone
125 ml Wasser

Tomaten grob hacken. In einer Porzellan- oder Glasschüssel mit Zucker und Zitronensaft mischen, abdecken und über Nacht in den Kühlschrank stellen. Die ausgepressten Zitronenhälften aufbewahren.

Am nächsten Tag die Mischung in einen Topf geben, 125 Milliliter Wasser zugießen und die Zitronenhälften hineinlegen. Bei schwacher Hitze zum Kochen bringen und 10 Minuten sprudelnd kochen lassen. Topf vom Herd nehmen und die Zitronenhälften entfernen. Abkühlen lassen.

Die Mischung erneut aufkochen und nach einigen Minuten Gelierprobe machen. Geliert die Konfitüre (*s. S. 15*), in Gläser abfüllen.

Eigene Tomaten

Wenn Sie nur Platz für eine Gemüsesorte haben, nehmen Sie Tomaten. Geben Sie in einen großen Pflanztopf gute Erde, setzen Sie in die Mitte eine einzige Tomatenpflanze; direkt daneben stecken Sie eine Wuchshilfe (das kann ein stabiler Stock sein) in die Erde. Täglich gießen und abwarten. Wächst die Pflanze, sollten Sie sie an den Stock binden. Wickeln Sie dafür Schnur oder Band um den Stängel der Tomatenpflanze, dann kreuzen Sie die Schnurenden und schlingen diese um den Stock. Auf diese Weise bekommt die Pflanze den nötigen Halt.

Von jetzt an müssen Sie regelmäßig alle Seitentriebe aus den Blattachseln entfernen, also ausgeizen. Die Pflanze sollte nicht zu buschig werden, das hemmt die Blüte. Die Tomaten kommen später. Die reifen Früchte immer erst kurz vor dem Verzehr ernten.

Gebratene grüne Tomaten

Schneiden Sie grüne Tomaten in Scheiben, wälzen Sie diese in Polenta oder Hafermehl und backen sie in Öl aus. Eine schmackhafte Zutat für einen gemischten Grillteller. Köstlich.

Große Tomatenernte

Ernten Sie die letzten Tomaten, bevor es Frost gibt. Legen Sie alle unreifen Tomaten an einen trockenen, dunklen, frostfreien Platz. Ein alter Schubkasten ist ideal. Legen Sie ihn vorher mit Zeitungspapier aus, die Tomaten dürfen sich nicht berühren. Alle zwei oder drei Tage nachsehen und die reifen Tomaten herausnehmen.

Tomaten häuten

Um die Haut von Tomaten abzuziehen, ritzen Sie diese ein und tauchen dann die Tomaten 30 Sekunden in kochendes Wasser. Herausnehmen, kurz abschrecken und die Haut abziehen.

Will man Tomaten braten, sollte man sie mit etwas feinem Zucker bestreuen, um das Aroma zu intensivieren.

Tomatenketchup

Ergibt 2 Liter

4 gehackte Zwiebeln
4 gehackte Knoblauchzehen
Olivenöl
1 Sellerieknolle, gewaschen und gehackt
500 g geriebene Möhren
3 kg reife Tomaten
125 g Zucker
250 ml Apfelessig
Einige Oreganozweige
1 kleines Bund Petersilie
3 gestr. TL Meersalz
1 gute Pr Cayennepfeffer
Frisch gemahlener schwarzer Pfeffer

Zwiebeln und Knoblauch in Olivenöl weich dünsten, dann Sellerie und Möhren zufügen, die Temperatur herunterstellen und etwa 10 Minuten köcheln lassen.

In der Zwischenzeit Tomaten häuten und in Viertel schneiden. In den Topf geben.

Einige Minuten köcheln, dann die restlichen Zutaten zufügen und das Ganze 30 Minuten köcheln.

Den Topf vom Herd nehmen, die Masse zerdrücken und durch ein Sieb in einen Topf passieren (Sie können die abgekühlte Masse auch einfach in einem Mixer pürieren). Ist sie zu dick, etwas Wasser zugeben.

Ketchup noch einmal aufkochen, dann in Flaschen mit weitem Hals füllen und verschließen. Im Kühlschrank aufbewahren.

Frische Tomatensauce zum Einfrieren

Bereiten Sie gleich soviel zu, dass Sie mehrere Portionen einfrieren können. Auf diese Weise haben Sie stets eine Grundlage für Pastagerichte. Mit Cannellini-Bohnen, einer guten Brühe und Tomatensauce zaubern Sie auf die Schnelle eine gute Suppe. Für 2 Liter Tomatensauce, die man in 4 Portionen einfrieren kann, brauchen Sie 3 Kilogramm reife Tomaten, einen guten Schuss Olivenöl, 250 Milliliter Wasser, 1 oder 2 Zweige Oregano, Salz und Pfeffer und einige Teelöffel Zucker – und ein Glas Rotwein, wenn Sie gerade eine Flasche geöffnet haben.

Alle Zutaten in einen großen Topf geben und etwa 1 Stunde köcheln lassen. Regelmäßig einen Blick darauf werfen und Tomatenhaut entfernen, sobald diese an der Oberfläche schwimmt. Abkühlen lassen und portionsweise einfrieren.

Frische Tomatensuppe

4 Portionen

1,5 kg Tomaten
6 Schalotten
Olivenöl
3 gehackte Knoblauchzehen
3 gehackte Selleriestangen
1 EL Apfelessig
1 Pr Safran
1 gestr. TL Zucker
1 winzige Pr Chiliflocken
200 ml Wasser
Salz und Pfeffer

Tomaten häuten und grob zerkleinern.

Schalotten schälen und hacken. Etwas Olivenöl in einem großen Topf bei mittlerer Hitze erwärmen. Ist das Öl heiß, Schalotten zugeben und glasig dünsten. Knoblauch zugeben und mitdünsten, zum Schluss Sellerie zufügen. Zugedeckt 5 Minuten köcheln lassen.

Tomaten, Essig, Safran, Zucker, Chili und Wasser zugeben und das Ganze 30 Minuten köcheln lassen.

Den Topf vom Herd nehmen und die Masse pürieren. Eventuell etwas weitere Flüssigkeit zugeben. Salzen und pfeffern. Den Topf wieder auf die Herdplatte stellen und noch einmal erhitzen, bevor Sie die Suppe mit gebuttertem Vollkornbrot servieren oder …

mit gegarten Garnelen und knusprigem Baguette

mit einer Schale knuspriger Croûtons und mit Petersilie bestreut

mit Vollkorntoast und Käse als Beilage

mit Gruyère-Käse bestreut und heißen, knusprigen Brötchen

Kirschlikör

Nehmen Sie dafür möglichst dunkle Schattenmorellen. Waschen Sie so viele Kirschen, wie in etwa in eine Flasche passen, und geben Sie 1 Esslöffel Kristallzucker auf 250 Gramm Kirschen. Geben Sie einige geschälte Mandeln hinzu. Die Flasche mit Weinbrand füllen, verschließen und in eine dunkle Ecke stellen. Zwei Wochen lang jeden 2. Tag ein wenig schütteln, dann 6 Wochen ruhen lassen. Jetzt können Sie leckeren Kirschlikör trinken und die Kirschen zum Garnieren von Desserts verwenden.

Konfitüre zubereiten

Die Früchte müssen gewaschen und eventuell auch geschält werden. Klein schneiden und in so viel Wasser köcheln, dass sie vollständig bedeckt sind. Sind die Früchte gekocht, die Menge der Früchte mit Saft im Messbesser abmessen. Wieder in den Topf geben und die gleiche Menge Zucker unterrühren. Aufkochen und unter Rühren weiterkochen, bis der Zucker sich aufgelöst hat. Weiterkochen und aufpassen. Anfangs sehen Sie kleine und große Blasen – sie tauchen wahllos an den Seiten auf, doch dann ändert sich das Muster und Sie erkennen eine Sorte von Blasen, die regelmäßig Blub, Blub, Blub macht. Jetzt die Gelierprobe machen. Bildet sich Haut, die Konfitüre in Gläser füllen.

Zum Einfüllen lohnt sich die Investition in einen Trichter. Den stellen Sie ins Glas und füllen schöpflöffelweise die Konfitüre ein, ohne dass das Glas verschmutzt wird. Ist das Glas voll, legen Sie ein Stück Pergament darauf und schrauben den Deckel fest.

Einige Obstsorten enthalten sehr viel Pektin und gelieren schnell; andere enthalten nur wenig und brauchen Unterstützung. Äpfel, Stachelbeeren, schwarze Johannisbeeren, Orangen, Zitronen, Grapefruits, Pflaumen, Quitten und Mispeln gelieren gut. Erdbeeren, Himbeeren, Brombeeren und Birnen jedoch brauchen etwas Zitronensaft.

Verwenden Sie stets Rohrzucker, er erleichtert das Gelieren. Er süßt und konserviert, wenn Sie die richtige Menge zugeben.

Pfirsich-Konfitüre

Ergibt 6 Gläser

2 kg gelbe Pfirsiche
Kristallzucker
Saft von 1 Zitrone

Pfirsiche 30 Sekunden in kochendes Wasser tauchen, dann die Haut abziehen. Halbieren, entsteinen und in Scheiben schneiden. Früchte in einen Topf geben, mit Wasser bedecken und aufkochen. 3 Minuten köcheln. Topf vom Herd nehmen und alles in ein Sieb geben, die Flüssigkeit auffangen. Flüssigkeit abmessen und wieder in den Topf gießen. Die gleiche Menge Zucker zugeben. Aufkochen und unter ständigem Rühren den Zucker auflösen. Zitronensaft und Pfirsichscheiben zugeben und kochen, bis die Pfirsiche weich und der Sirup dick ist. In Gläser füllen und verschrauben.

Omas Passionsfruchtpudding

Der Pudding ist einfach, modern, ein Dessert, das man „aus dem Vorratsschrank" zaubern kann. Er lässt sich aus Konserven und abgepackten Zutaten kochen.

1 Pk Zitronengötterspeise
400 g Kondensmilch (über Nacht im Kühlschrank gekühlt)
12 Passionsfrüchte oder 1 Tasse Fruchtfleisch aus der Dose
1 Pk Löffelbiskuits

Götterspeise mit etwas weniger Wasser als angegeben kochen, dann abkühlen lassen. Kondensmilch in eine große Schüssel gießen, so lange mit einem elektrischen Rührgerät schlagen, bis sie wie frische Schlagsahne Spitzen bildet. Jetzt die abgekühlte Götterspeise unterrühren und das Passionsfruchtfleisch unterheben. Löffelbiskuits und Pudding schichtartig in einer Auflaufform verteilen und mit einigen zerstoßenen Biskuits bestreuen. Kalt stellen.

Bananen

Leben Sie Bananenschalen mit der gelben Seite nach außen als Gesichtsmaske gegen Falten auf.

So entfernen Sie Warzen: Kleben Sie ein quadratisches Stück Bananenschale (gelbe Seite nach außen) auf die Warze. Wechseln Sie das Stück täglich, bis die Warze weg ist.

Gebratene Bananen schmecken lecker zum Frühstück. Schälen und halbieren Sie Bananen und braten Sie diese in Butter oder Olivenöl.

Waschen Sie Bananenschale und schneiden Sie sie klein. Braten Sie eine gehackte Zwiebel mit etwas gehacktem Knoblauch, Chili und Ingwer. Geben Sie Bananenschalenstücke und etwas Wasser hinzu und köcheln Sie alles weich. Rühren Sie etwas Garam Masala darunter und essen Sie dazu Reis und etwas Joghurt.

Bananen können als Dessert auch im Ganzen gegrillt werden. Die gegrillten Bananen schälen und in eine Schüssel geben, mit Zimt-Zucker bestreuen und etwas Sahne daraufgeben.

Bananen enthalten Serotonin, ein Botenstoff, der glücklich macht.

Sommer-Drinks

Wasser ist eigentlich das beste Sommergetränk – einfach, erfrischend, egal ob sprudelnd oder still. Wollen Sie etwas Geschmack, ist ein selbst gemachter Fruchtsirup ideal.

Fruchtsirupe

Fruchtsirup bildet die Basis für Getränke aller Art. Frisches Obst wird mit etwas Wasser zu einem Brei gekocht und passiert. Dann wird Zucker zugegeben und die Flüssigkeit zu einem Sirup eingekocht. Gelegentlich mache ich Mango-Orangensirup, der köstlich über Vanilleeis schmeckt. Probieren Sie einfach ein wenig herum!

Traubensirup

1 kg Stachelbeeren
1 l Wasser
10 Holunderblütendolden
1 kg Zucker

Stachelbeeren und Wasser in einem Topf aufkochen. Holunderblüten zugeben und 5 Minuten sanft köcheln lassen – Sie sollten dann eine grünliche Suppenmischung haben. Zum Abkühlen beiseitestellen. Die Mischung durch ein mit Mull ausgelegtes Sieb in einen sauberen Topf passieren, Zucker unterrühren und unter ständigem Rühren so lange kochen, bis der Zucker sich vollständig aufgelöst hat, dann weitere 4 Minuten kochen. Den Topf vom Herd nehmen, den Sirup in Flaschen füllen, versiegeln und lagern. Mixen Sie den Sirup mit Mineral- oder Tafelwasser.

Birnen-Ingwersirup

3 kg Birnen
1 EL Ingwer in dünnen Scheiben
Zucker

Birnen grob zerkleinern und in einem großen Topf mit Wasser bedecken. Ingwerscheiben zugeben und aufkochen. Köcheln lassen, bis die Birnen weich sind. Die Mischung durch ein mit Mull ausgelegtes Sieb in einen sauberen Topf passieren und die Menge abwiegen. Die gleiche Menge Zucker zugeben. Aufkochen und unter Rühren den Zucker auflösen. 3 weitere Minuten kochen, dann den Sirup in Flaschen füllen und versiegeln. Mit Sprudel oder stillem Wasser servieren.

Schwarzer Johannisbeersirup

2 kg schwarze Johannisbeeren
Zucker

Johannisbeeren mit 1 Liter Wasser in einem Topf aufkochen und zu Früchtebrei verkochen. Die Mischung durch ein mit Mull ausgelegtes Sieb in einen sauberen Topf passieren und wiegen. Die entsprechende Menge Zucker einrühren. So lange unter Rühren kochen, bis sich der Zucker vollständig aufgelöst hat. Weitere 3 Minuten kochen, vom Herd nehmen, in Flaschen füllen und versiegeln.

Teilt das Leben Zitronen aus, machen Sie Limonade daraus!

Den Saft einer Zitrone in einen Krug geben, einen Esslöffel Kristallzucker zugeben und 300 ml kaltes Wasser zugießen. Umrühren, bis der Zucker sich aufgelöst hat. Reichlich zerstoßenes Eis zugeben, 3 Minuten ruhen lassen und dann servieren.

Orangeade

Saft von 4 Orangen
Schale von 2 Bio-Orangen
50 g Zucker
1 l kaltes Wasser

Alle Zutaten in einen Krug geben, gut umrühren, Eis hineingeben und servieren.

Eiscreme und Sorbets

Ich liebe gutes Eis. Bevor ich mir eine Eismaschine gegönnt habe, habe ich Sorbets und Eis im Gefrierschrank zubereitet, die Behälter alle 15 Minuten herausgenommen, um die Masse wieder durchzurühren, damit sich keine Kristalle bilden. Als die Kinder klein waren, machten wir im Winter etwas, was wir „echtes selbst gemachtes Eis" nannten – wir schlugen Schlagsahne und verrührten sie mit frischer Vanillesauce, manchmal kam auch etwas Konfitüre darunter. Mein Sohn brachte das dann raus und steckte es in den Schnee; alle 20 Minuten lief er raus, um das Eis umzurühren.

Selbst gemachte Waffeltüten

Eine lustige Sache, selbst Eistüten herzustellen. Meine Kinder waren immer beeindruckt! Sie können im Voraus zubereitet werden und in einem luftdichten Gefäß halten sie sich dann eine Woche.

100 g Weizenmehl, 60 g feinen Zucker und 2 Esslöffel Maismehl in eine Schüssel sieben. 60 ml Olivenöl, 2 Eiweiß und 2 Esslöffel kaltes Wasser zugeben. Die Zutaten zu einem klümpchenfreien Teig mischen.

Eine Pfanne auf die heiße Herdplatte stellen. Einen Esslöffel Teig hineingeben und zu einem flachen Pfannkuchen (ca. 20 cm) verstreichen. Kurz von beiden Seiten backen. Herausnehmen und sofort mit Hilfe eines Papp- oder Metallkegels zu einem Tütchen formen. Einige Minuten abkühlen lassen. Die abgekühlten Tüten behalten ihre Form. Füllen Sie die Tüten mit Eiskugeln.

Mandel-Aprikosen-Eis

300 g Sahne
300 g Naturjoghurt
300 g eingeweichte Aprikosen, mit 100 g Zucker gedünstet und püriert
100 g gemahlene Mandeln
100 g grob gehackte Mandeln
2 EL Honig

Alle Zutaten mischen und dann wie beim Ingwereis beschrieben (gegenüber) verarbeiten.

Apfel-Zimt-Eis

300 g Apfelbrei
300 g Sahne
300 ml kalte Vanillesauce (siehe gegenüber)
2 EL gemahlener Zimt
100 g Zucker

Alle Zutaten mischen und dann wie beim Ingwereis beschrieben (gegenüber) verarbeiten.

Ingwereis

Mein Lieblingseis. Wenn Sie Ingwer und Sirup weglassen, haben Sie ein Vanilleeis – das selbst Prinzessinnen serviert werden kann.

4 Eigelb
100 g Zucker
300 ml Milch
½ TL Vanillin
20 g Maismehl
300 g Schlagsahne
125 g in Sirup eingelegter Ingwer, grob gehackt

1 Für die Vanillesauce Eigelb, Zucker, Milch, Vanillin und Maismehl in eine Schüssel geben und über dem Wasserbad mit einem Schneebesen so lange rühren, bis die Sauce cremig dick ist (das dauert etwa 10–15 Minuten). Mit Frischhaltefolie abdecken und kalt stellen.

2 Ist die Sauce abgekühlt, die Sahne steif schlagen. Sahne, Ingwer und den Sirup unterheben. Die Masse in ein Gefriergefäß füllen und an die kälteste Stelle im Gefrierschrank stellen. Alle 30 Minuten herausnehmen und umrühren, damit sich keine Kristalle bilden. Bei einer Eismaschine halten Sie sich an die Anweisungen des Herstellers.

Fruchtsorbets zubereiten

Alles, was Sie dafür benötigen, ist geschlagenes Eiweiß und Fruchtsirup oder/und Fruchtpüree und Zucker. Nehmen Sie ein steif geschlagenes Eiweiß und 225 g feinen Zucker auf je 450 g Sirup und Püree. Alles miteinander verrühren und einfrieren. Regelmäßig alle 20 Minuten umrühren, damit sich keine Kristalle bilden, oder das Sorbet in der Eismaschine zubereiten.

Sommerbäckerei

Am Nachmittag einen frisch gebackenen Biskuit, gefüllt mit Konfitüre und Sahne, gönnen sich heutzutage nur noch wenige. Dazu einige Kekse oder Käsegebäck noch warm aus dem Ofen mit schmelzender Butter. Ein Tipp zum Biskuit: Übung macht den Meister.

Biskuit

100 g feiner Zucker
½ TL Vanillin
100 g weiche Butter
2 große Eier
1 EL Wasser oder Milch
100 g Weizenmehl
½ TL Backpulver
2 Backformen (18 cm), gebuttert

1 Den Backofen auf 190 °C vorheizen.

2 Zucker, Vanillin und weiche Butter in einer Rührschüssel schaumig schlagen.

3 Eier nach und nach unterrühren, dann Wasser oder Milch abwechselnd mit Mehl und Backpulver unterrühren.

4 Den Teig halbieren und jeweils eine Hälfte in eine vorbereitete Backform geben und glatt streichen.

5 20 Minuten backen. Garprobe machen. Klebt noch Teig am Stäbchen, weitere 5 Minuten backen. Kuchen auf einen Rost stellen und in der Form abkühlen lassen.

6 Kuchen aus der Form nehmen und durchschneiden. Mit selbst gemachter Konfiüre bestreichen und mit feinem Zucker bestreuen.

Backpulver selbst gemacht

Anstelle eines Teelöffels Backpulver können Sie folgende Mischung ins Mehl sieben: ½ TL Natron, ½ TL Weinstein und ¼ TL Maismehl.

Hinweise und Tipps

Wenn Sie Kuchenformen mit Butter ausstreichen, nehmen Sie weiche Butter. Die bestrichene Form mit Mehl bestäuben, überschüssiges Mehl abschütteln. So kommt der Kuchen stets mühelos aus der Form.

Alle Zutaten sollten Zimmertemperatur haben, auch Eier.

Trockene Zutaten immer sieben und mischen.

Damit Butter und Zucker schaumig werden, verwenden Sie weiche Butter mit Zimmertemperatur. Am besten geht es mit einem elektrischen Rührbesen. Eine schaumige Butter-Zucker-Mischung sollte luftig-leicht sein und hellgelb aussehen.

Den Backofen immer vorheizen.

Lassen Sie die Form mit dem Teig nicht lange stehen, sondern schieben Sie diese sofort in den Ofen, damit das Backpulver wirkungsvoll bleibt.

Sie können die Garprobe auch mit einer trockenen Spaghetti machen.

Sophies Schwarzwälder Kirschtorte

225 g weiche Butter
225 g feiner Zucker
1 TL Vanillin
¼ TL Salz
175 g Weizenmehl
1½ TL Backpulver
50 g Kakaopulver
4 Eier
50 ml Milch
50 ml Wasser

Füllung

500 g entsteinte Kirschen im Saft (aus dem Glas)
2 EL Kirschwasser
250 g Schlagsahne

Glasur

100 g dunkle Schokolade
15 g Butter
1 EL Honig
50 ml kochendes Wasser
30 g gesiebtes Kakaopulver

1 Den Backofen auf 190 °C vorheizen. Eine Backform (18 cm) buttern und mehlen. Den Boden mit Backpapier belegen.

2 Butter und Zucker in einer großen Rührschüssel schaumig schlagen. Vanillin und Salz unterrühren. Mehl, Backpulver und Kakao in die Schüssel sieben, Eier, Milch und Wasser zugeben. Mit dem elektrischen Rührgerät mit Rührbesen oder mit einem Holzlöffel die Zutaten zu einem dicken, glatten Teig verarbeiten. Den Teig in die Form geben und glatt streichen. Im Ofen 50 Minuten backen bzw. so lange, bis ein in die Mitte gestochenes Messer sauber wieder herauskommt. Zum Abkühlen auf einen Rost stellen. Ist der Kuchen kalt, aus der Form nehmen und zweimal waagrecht durchschneiden.

3 4 Esslöffel Kirschsaft in einer kleinen Schüssel mit dem Kirschwasser verrühren, dann die Mischung über die einzelnen Teigböden träufeln. Die Sahne steif schlagen. Den unteren Teigboden auf einen Tortenteller legen. Mit geschlagener Sahne bestreichen und mit einem Drittel der Kirschen im Saft belegen. Den mittleren Boden auflegen. Mit etwas Sahne bestreichen und mit Kirschen belegen. Den letzten Boden darauflegen und fest andrücken. Den Kuchen 4 Stunden kalt stellen.

4 Für die Glasur Schokolade in einer Metallschüssel über dem Wasserbad schmelzen. Herunternehmen und Butter und Honig unterrühren. 50 ml kochendes Wasser unterrühren und zum Schluss den gesiebten Kakao. Sofort auf dem Kuchen verstreichen, die Seiten des Kuchens mit einem Teigschaber ebenfalls glasieren. Einige Minuten abkühlen lassen. Den Rest der geschlagenen Sahne mittig auf den Kuchen geben und verstreichen. Mit den letzten Kirschen garnieren.

Baisers

Ergibt 10 große, 20 mittlere oder 30 kleine Baisers

2 Eiweiß
100 g feiner Zucker
50 g Puderzucker

Den Backofen auf 110 °C vorheizen. Eiweiß sehr steif schlagen. Den Zucker löffelweise unterrühren. Puderzucker ebenfalls gut unterrühren. Löffelgroße Kleckse auf ein mit Backpapier belegtes Backblech setzen und zwischen 1½ und 3 Stunden im Backofen trocknen (je nach Größe der Baisers).

Pavlova

4 große Eiweiß
200 g feiner Zucker
1 Pr Salz
2 TL Maismehl
1 TL Essig

Den Backofen auf 150 °C vorheizen. Eiweiß sehr steif schlagen. Die Hälfte des Zuckers und das Salz löffelweise unterrühren. Den restlichen Zucker unterrühren, dann das Maismehl und den Essig unterheben. Die Mischung auf einem mit Backpapier belegten Blech verstreichen, in Form eines Kreises mit leichter Vertiefung in der Mitte. 50 Minuten im Backofen backen. Abkühlen lassen. Mit geschlagener Sahne, die mit etwas Kirschwasser aromatisiert wird, bestreichen und mit Sommerbeeren verzieren.

Zuckerguss

2 Eiweiß
½ TL Weinstein
325 g Kristallzucker
125 ml Wasser
1 EL Zitronensaft

Eiweiß steif schlagen, Weinstein zugeben und weiterrühren, bis das Eiweiß Spitzen bildet. Zucker und Wasser in einen Topf geben und langsam aufkochen, dabei ständig rühren, damit der Zucker sich auflöst. 3 Minuten kochen, dann einen Test machen: Einen halben Teelöffel vom Sirup in eine Schüssel kaltes Wasser geben – ein Sirupfaden sollte so hart sein, dass er bricht, wenn er ins Wasser kommt. Passiert das, den Herd ausstellen.

Weil der Sirup hart wird, ihn sofort in einem gleichmäßigen Strahl langsam in die Eiweißmischung rühren. Nicht am Topfboden kratzen, nur das unterrühren, was so aus dem Topf läuft. So lange rühren, bis der Zuckerguss sehr dick ist und seine Form hält. Das dauert etwa 3 Minuten (länger, wenn Sie mit der Hand rühren). Zitronensaft einige Sekunden unterrühren.

Die Glasur sollte sofort verbraucht werden. Sie können den Guss mit einigen Tropfen Lebensmittelfarbe färben. Ich teile ihn normalerweise auf 4 Schüsseln auf und färbe jede anders: rosa, blau, grün und gelb und gebe dann von der Glasur große Kleckse auf Törtchen. Zum Schluss streue ich winzige weiße Zuckerguss-Sterne darüber oder Liebesperlen.

Zitronenkuchen mit Baiser

Ein guter Zitronenkuchen mit Baiser besteht aus einem federleichten Mürbeteig mit köstlicher Zitronen-Vanillecreme und einer leicht gebräunten Baiserhaube.

Teig

125 g Weizenmehl
50 g weiche Butter
1 EL Eiswasser

1. Den Backofen auf 200 °C vorheizen.
2. Mehl in eine große Rührschüssel sieben, dann mit den Fingern die Butter unterarbeiten.
3. Etwas Eiswasser zugeben und alles zu einem weichen, aber doch festen Teig verarbeiten. 30 Minuten in den Kühlschrank legen.
4. Eine Kuchenform (20 cm) mit Butter bestreichen. Den Teig ausrollen und in die Form legen. Den Teig mehrmals mit einer Gabel einstechen und 15 Minuten im Ofen blindbacken.

Füllung

1 EL Maismehl
60 g feiner Zucker
300 ml Milch
1 Ei und 2 Eigelb
Saft und Schale von 2 Zitronen

1. Den Backofen auf 160 °C vorheizen.
2. Maismehl und feinen Zucker mit etwas Milch in einer Schüssel glatt rühren. Restliche Milch, Ei und Eigelb unterrühren.
3. Die Mischung über dem Wasserbad cremig-dick schlagen. Herunternehmen, Zitronensaft und Schale unterrühren. Abschmecken. Vielleicht mögen Sie es noch etwas süßer.
4. Die Creme auf den vorgebackenen Teig geben und verstreichen. 20 Minuten backen. Aus dem Ofen nehmen und die Temperatur für den Baiserbelag auf 150 °C reduzieren.

Baiser

2 Eiweiß
60 g feiner Zucker

1. Eiweiß in einer Schüssel steif schlagen. Zucker löffelweise unterrühren.
2. Baiser auf dem Kuchen verstreichen und 10–15 Minuten im Backofen backen. Sofort servieren.

Gute Baisers

Wenn Sie Baisers backen, denken Sie an Folgendes:

Schüssel und Rührbesen müssen absolut sauber sein – die winzigste Spur von Öl oder Butter verhindert, dass das Eiweiß steif wird.

Eiweiß sollte stets Zimmertemperatur haben und nicht gekühlt sein.

Das Eiweiß nicht zu lange schlagen; aufhören, wenn es Spitzen bildet.

Für knusprige Baisers langsam bei schwacher Temperatur backen.

Für Baisers mit weichem Innern etwas mehr Maismehl zugeben und etwas Essig.

Wenn Sie keinen feinen Zucker haben, nehmen Sie Kristallzucker – er braucht nur etwas länger zum Auflösen.

Einige Köche schwören darauf, einen Teil des Zuckers durch Puderzucker zu ersetzen.

Nehmen Sie Backpapier, statt die Bleche mit Butter zu bestreichen.

Waschtag

Noch vor einigen Jahrzehnten war der Waschtag eine mühsame Sache. Die Wäsche – grobe Baumwolle, Leinen, handgemachte Spitze, Seide und vieles mehr – wurde eingeweicht, gekocht, gespült, ausgewrungen, gebleicht, gestärkt, getrocknet und gebügelt, bevor sie wieder in die Schränke kam.

Unterwäsche waschen

Geben Sie 2 Esslöffel Seifenflocken oder Waschpulver und 2 Esslöffel Borax auf 3 Liter warmes Wasser, gut verrühren und feine Unterwäsche darin einweichen. Vorsichtig waschen und gut ausspülen. Dann zum Trocknen aufhängen oder flach ausbreiten.

Socken

Socken sortieren ist mühsam. Am besten waschen Sie Socken nur paarweise. Legen Sie die Sockenpaare in saubere Beutel oder clipsen Sie sie zusammen. Nach dem Waschen paarweise zum Trocknen aufhängen.

Strahlend weiße Laken

Den Luxus eines strahlend weißen Bettlakens kann sich jeder leisten, und sie sind eine meiner Schwächen. Gute Baumwolllaken, ordentlich gewaschen, sollten in der warmen Sonne trocknen oder in einer frischen Brise. Bügeln Sie sie anschließend mit duftendem Lavendelwasser und einem winzigen Hauch Stärke; dann sorgfältig zusammenlegen. Gute Baumwolllaken halten ein ganzes Leben. Moderne Reinigungsmittel arbeiten wirkungsvoller, sie müssen die Wäsche allerdings zweimal spülen, damit alle Rückstände herausgehen. Ein normales tensidfreies Waschmittel hält weiße Wäsche weiß, wenn Sie eine halbe Tasse Borax zugeben. Flecken waschen Sie am besten sofort in Seifenwasser aus. Etwaige kleine Bügelmalheure können Sie mit einer Mischung aus Zitronensaft und Seifenflocken behandeln, danach ausspülen und im Freien trocknen.

Hand- und Geschirrtücher

Waschen Sie neue Hand- und Geschirrtücher vor dem ersten Gebrauch und hängen Sie diese zum Trocknen auf eine Leine. Wenn Sie Natur-Baumwolltücher mögen, nehmen Sie diese von der Leine, bevor sie ganz trocken sind und bügeln Sie sie gleich (ich nehme immer etwas Stärke). Vor dem Weglegen noch etwas an der Luft liegen lassen oder auf ein Trockengestell legen. Auf diese Weise entweichen etwaige Rückstände und im Falle von Geschirrhandtüchern auch Fussel.

Taschentücher

Weichen Sie Taschentücher 5 Minuten in einer Lösung aus 1 Teelöffel Pfeilwurz, 1 Teelöffel Borax und 2 Litern fast kochendem Wasser ein. Auswringen und trocknen. Wenn sie die Taschentücher bügeln, sollten diese angenehm duften.

Wäsche-Grundlagen

Borax – macht Wasser weicher

Natron – entfernt Flecken

Seifenflocken – für Feines und für Wolle

Wäscheseife – für die Handwäsche

Regeln

Waschen Sie BHs und andere gute Unterwäsche, Strümpfe und Strumpfhosen stets mit der Hand. Kleidungsstücke aus Angora, Kaschmir, Seide, Chiffon, Satin, Spitze und Samt sollten einzeln mit einem milden Reiniger oder einer Seifenflockenlösung gewaschen werden.

Wringen Sie derartige Materialien nicht aus, legen Sie diese stattdessen auf ein Küchenhandtuch, das Sie locker aufrollen, drücken und dann wieder ausbreiten.

Wenn Sie Decken oder Jacken in der Waschmaschine waschen, wiegen Sie sie zuerst, damit Sie Ihre Waschmaschine nicht zu schwer befüllen.

Seide

Prüfen Sie die Farbechtheit und waschen Sie vorab einen unauffälligen Bereich in warmem Wasser, in dem Sie mildes Waschmittel auflösen. Dann legen Sie das Stück zwischen zwei weiße Tücher und drücken fest darauf. Zeigen sich Farbspuren, weichen Sie das Teil in Salzwasser ein – so heiß, wie das Material es erlaubt. Ausspülen und trocknen. Dann noch einmal testen.

Gibt es irgendwelche Flecken, nehmen Sie einen sauberen Schwamm und tauchen ihn in die Lösung; vorsichtig über den Fleck reiben.

Zum Ausspülen das Seidenteil in eine Lösung aus 4 Litern kaltem Wasser und 4 Esslöffeln Essig legen. Essig gibt Seide den chrakteristischen Glanz zurück.

Das Wäschestück aus der Lösung nehmen und flach auf einem Handtuch ausbreiten. Das Handtuch einrollen und vorsichtig überschüssiges Wasser ausdrücken. Das Handtuch wieder auseinanderrollen und das Kleidungsstück flach ausgebreitet trocknen lassen.

Seide immer von links bügeln.

Seidenkrawatten waschen

Kochen Sie eine Tasse Kleie 5 Minuten in 2 Litern Wasser und seihen Sie die Lösung dann durch ein Stück Mull ab. Während die Flüssigkeit abkühlt, reinigen Sie die Krawatten mit einem Schwamm und einem milden Reiniger. Legen Sie die Krawatten in die abgekühlte Lösung; mit einem sauberen Schwamm herunterdrücken. Wieder herausnehmen und zwischen zwei Handtücker legen. Mit einem Nudelholz darüberrollen, um möglichst viel von der Flüssigkeit herauszupressen. Flach ausgebreitet trocknen lassen, dann sauberen Baumwollstoff darauflegen und bügeln.

Spitze waschen

Geben Sie 1 Teelöffel Borax ins warme Seifenwasser, dann die Spitze einweichen, umrühren und ausdrücken. In kaltem Wasser ausspülen und flach ausgebreitet trocknen lassen. Noch feucht bügeln.

Jeanshosen und -jacken

Reißverschlüsse und sonstige Verschlüsse schließen, die Kleidungsstücke vor dem Waschen wenden. Wer hartes Wasser hat, gibt 4 Esslöffel Natron in die erste Spülung, um das Wasser weicher zu machen, was das Spülen zudem erleichtert.

Wäscheleinen

Hängen Sie die Wäsche ins Freie zum Trocknen. Die Sonne ist ein natürliches Bleichmittel für Weißes und die trockene Wäsche duftet hinterher frisch und sauber. Handtücher und andere schwere Gewebe sollten von der Leine genommen werden, bevor sie ganz trocken sind, dann gleich gebügelt oder gefaltet werden und einige Zeit auf einem Trockengestell oder in einem Trockenregal hängen bzw. liegen.

Spitze mit Reiswasser stärken

Waschen Sie 2 Esslöffel weißen Reis unter fließend kaltem Wasser, dann schütten Sie ihn einen Topf und gießen 2 Liter kaltes Wasser hinzu. 5 Minuten kochen lassen. Das Wasser abgießen und die saubere, trockene Spitze 3 Minuten in das Reiswasser legen. Spitze herausnehmen, zwischen zwei Handtücher legen, mit der Hand das restliche Wasser ausdrücken und dann die Spitze zwischen zwei Lagen Stoff bügeln. Die Stärke des Reiswassers reicht aus, um die Spitze steif zu machen.

Wirtschaftlichkeit

Ersetzen Sie die Hälfte der angegebenen Menge Waschpulver durch Natron.

Reißverschlüsse

Klemmt ein Reißverschluss, reiben Sie die Stellen mit der Mine eines Bleistiftes ein.

Mottenabwehr

Bittersalz, das Sie zwischen die Kleidung streuen, hält Motten aus Wäscheschränken fern.

Bügeln – Utensilien und Tipps

Bügelbrett

Duftendes Bügelwasser

Stoff zum Belegen

Reparaturkasten mit Schere, weißem und farbigem Garn, Nadeln, einer Auswahl an Knöpfen und anderen Verschlüssen

Weichen Sie stumpfe und verblasste Kleidung 30 Minuten in einer Lösung aus 1 Tasse Branntweinessig auf 4 Liter heißes Wasser ein. Dann einmal in der Waschmaschine waschen, aber ohne Waschmittel.

Bügelbrett

Einmal jährlich sollte das Bügelbrett bezogen werden. Einige Schichten alten Stoffes sind dafür ideal. Zum Schluss kommt eine Lage schwerer Kattun darauf, gefolgt von einem hübschen Baumwollstoff.

Duftendes Bügelwasser

Füllen Sie eine Sprühflasche mit Wasser und geben Sie einige Tropfen eines ätherischen Öls dazu (Lavendel ist herrlich). Besprühen Sie Baumwolllaken und Kopfkissenbezüge damit.

Schwieriges bügeln

Um einen Ärmel zu bügeln, rollen Sie eine Zeitschrift auf, umwickeln sie mit etwas Stoff und schieben sie in den Ärmel. Loslassen, die Zeitschrift rollt sich so weit auf, dass der Stoff straff gespannt ist.

Damit die Bügelfalten in Hosen an Ort und Stelle bleiben, die Hosen wenden und mit einem Stück feuchter Seife die Bügelfalte entlangfahren. Wieder umdrehen und die Falte mit dem Dampfbügeleisen bügeln.

Stickereien bügeln

Eine Decke dreimal falten, auf das Bügelbrett legen und mit sauberem Stoff bedecken. Die Stickerei darauflegen, mit einem weiteren Stück Stoff belegen, leicht mit Wasser einsprühen und dann bügeln.

Selbst gemachte Wäschestärke

Mischen Sie 100 g weiße Stärke, 1 Teelöffel Borax und 1,8 Liter kaltes Wasser. Verrühren Sie das Ganze und tauchen Sie die Wäsche in die Stärke. Anschließend aufhängen und trocknen.

Erfolgreich gegen Flecken

Ölfreier Nagellackentferner – mit einem darin getränkten Wattestäbchen gehen lästige Tintenflecken heraus.

Wildleder – zum Entfernen von Grasflecken nehmen Sie eine alte Zahnbürste und etwas weißen Essig, vorsichtig über den Fleck reiben und trocken tupfen.

Rostflecken – den Fleck mit weißem Essig befeuchten und etwas Salz darüberstreuen. Einige Minuten einziehen lassen, dann vorsichtig mit einer alten Zahnbürste säubern. Ausspülen.

Kragen und Manschetten – eine Stunde vor dem Waschen mit Natron-Essig-Paste einreiben.

Schweißflecken – vor dem Waschen in einer milden Lösung aus Essig und Wasser einweichen.

Kugelschreiberflecken – nehmen Sie eine Bürste und tragen Sie Methylalkohol auf, nach einigen Minuten ausspülen. Alternativ versuchen Sie es mit einer Paste aus Essig und Maismehl.

Tee- oder Kaffeeflecken – vor dem Waschen in einer kräftigen Boraxlösung einweichen.

Schönes fürs Bad

Ich bin regelrecht süchtig, was Baden anbetrifft … Schon der Gedanke daran, in duftendem heißen Wasser zu liegen, mit einem guten Buch und einem weichen Handtuch, das nachher auf mich wartet. Meine Zeit in der Wanne ist kostbare Nachdenkzeit.

Baden in Milch und Rosen

30 g Kakaobutter
10 Tropfen Rosenöl
30 g fein geriebene gute Seife
150 g gemahlenes Hafermehl
1 EL Weinstein
1 EL Natron

Kakaobutter in einer Porzellanschale über dem Wasserbad schmelzen. Rosenöl unterrühren, abkühlen lassen. Dann mit den restlichen Zutaten in einem Mixer gut mischen. Das Ganze in ein hübsches Glas füllen. Zwei oder drei Löffel in ein warmes Bad geben und genießen.

Badesalze

Geben Sie eine halbe Tasse Bittersalz ins heiße Badewasser, streuen Sie einige Rosenblätter hinein und tauchen Sie ein in Ihr Entspannungsbad.

Badeessig

Mischen Sie eine Handvoll Kräuter mit einer halben Flasche Apfelessig. Nach einer Woche in eine Flasche abfiltern. Einige Esslöffel davon geben Sie ins Vollbad.

Hafermehl-Mandel-Seife

100 g Hafermehl
100 g gemahlene Mandeln

Hafermehl und Mandeln in einer Schüssel mischen und dann in ein Glas füllen. Geben Sie einige Löffel davon ins heiße Bad, um das Wasser weicher zu machen und damit auch Ihre Haut.

Kräuterbäder

Füllen Sie einen kleinen Mullbeutel mit einer Handvoll Kräutern und hängen Sie diesen ins einlaufende heiße Wasser. Folgende Kräuter eignen sich:

Rosmarin regt den Kreislauf an

Minze erfrischt

Thymian oder Salbei sind gut, wenn Sie ein wenig angeschlagen sind

Lavendel entspannt und beruhigt

Zitronenmelisse weckt die Lebensgeister

Rosenblüten sind der Luxus schlechthin

Einen Waschlappen stricken

Sie brauchen ein Knäuel doppeltes Baumwollgarn, ein Paar passende Stricknadeln, eine passende Häkelnadel – und soll es ausgefallen sein – ein hübsches Band.

Nehmen Sie Garn und Nadeln und nehmen Sie die ersten drei Maschen auf.

Am Anfang der nächsten Reihe und jeder folgenden Reihe nehmen Sie eine extra Masche auf.

Wenn Sie 50 Reihen auf Ihren Stricknadeln haben, beginnen Sie damit, eine einzige Masche an jedem Reihenende abzunehmen. Wenn Sie keine Maschen mehr übrig haben, ist der Waschlappen fast fertig. Nehmen Sie nun die Häkelnadel, um eine einfache Kante zu häkeln. Wer mag, kann ein hübsches, dekoratives Band am Rand durchziehen.

Belebendes Salz-Oliven-öl-Peeling

Schütten Sie 200 Gramm Meersalz in ein Glas, geben Sie 60 Gramm Lavendelblüten hinzu. So viel Öl zugießen, bis alles bedeckt ist. Das Olivenöl sollte 1 Zentimeter über dem Salz stehen. Das Glas verschließen und gut schütteln. Wenn Sie das Peeling anwenden wollen, stellen Sie sich in die Wanne, nehmen eine Handvoll von der Mischung und tragen sie mit einem Handschuh aus Baumwolle in kreisförmigen Bewegungen am ganzen Körper auf. Mit heißem Wasser abspülen.

Badesprudeltabletten

4 EL Kakaobutter oder Kokosöl
2 EL Weinstein
4 EL Natron
2 EL Maismehl
6 Tropfen Rosenöl
1 EL getrocknete Rosenblütenblätter

1 Gekaufte Kakaobutter (oder Kokosöl) ist meist recht fest im Gefäß. Um sie zu schmelzen, stellen Sie das Glas in sehr heißes Wasser. In der Zwischenzeit die trockenen Zutaten in eine Schüssel sieben, getrocknete Rosenblütenblätter zugeben. Ist die Kakaobutter weich, nehmen Sie einen Löffel davon, fügen das Rosenöl hinzu und geben es in die trockene Mischung. 3 weitere Löffel Kakobutter zugeben. Das Ganze gut vermengen – es dauert nicht lange und Sie haben eine Teigkugel in der Hand. Vielleicht müssen Sie noch weiteres Öl unterarbeiten, aber nicht zu viel.

2 Den Teig auf eine saubere Arbeitsfläche legen und etwa 1 Zentimeter dick ausrollen. Mit einem Messer kleine Herzen ausschneiden. Herzen auf einen Teller oder ein kleines Backblech legen und eine Stunde zum Festwerden in den Kühlschrank stellen.

3 Werfen Sie zwei oder drei Herzen ins Badewasser. Sie werden sich im Nu auflösen, und das Wasser wird weich durch das Natron und duftet nach Rosen. Kakaobutter macht die Haut weich und glatt und gibt ihr wertvolle Nährstoffe.

Ingwerbad

Geben Sie Ingwer ins Badewasser, um Beschwerden der Gelenke und rheumatische Schmerzen zu lindern. Nehmen Sie dafür ein daumengroßes Stück. Schneiden Sie es in dünne Scheiben, kochen Sie diese in 1 Liter Wasser auf, lassen Sie das Ganze 15 Minuten köcheln und geben Sie die Flüssigkeit dann in die Badewanne.

HERBST

Der Herbst ist eine zauberhafte Jahreszeit. Hagebutten, Holunderbeeren und die letzten wenigen Brombeeren müssen gepflückt werden, bevor die Luft kälter wird und die grünen Blätter golden werden. Eine Spur von Holzrauch liegt in der Luft, das Sonnenlicht wird schwächer und die Natur schaltet einen Gang herunter. Feuchte Tage lassen Pilze sprießen und laden ein zu langen Spaziergängen. Zeit, um Nüsse zu sammeln und den Garten aufzuräumen, Blumenzwiebeln in die Erde zu bringen und Saatkataloge zu bestellen.

In Hülle und Fülle

Aus Fallobst lässt sich Gelee machen oder man friert es ein. Schälen Sie das Obst und schneiden Sie braune Stellen heraus. Das vorbereitete Obst mit etwas Zucker in Wasser dünsten, abkühlen lassen.

Äpfel

Bei der Apfelernte gibt es einen Trick. Umfassen Sie einen Apfel und drehen Sie ihn etwas – geht das leicht, ist der Apfel zum Pflücken bereit. Wehrt er sich, sollten Sie ihm noch etwas Zeit gönnen.

Äpfel lagern

Äpfel aus dem Garten sollten einzeln in Zeitungspapier gewickelt und dann auf Roste gelegt werden – an einem kühlen, trockenen Ort ohne Ungeziefer. Äpfel halten sich so vier Monate.

Apfelringe

Schälen und entkernen Sie die Äpfel, dann schneiden Sie sie in etwa 5 Millimeter dicke Scheiben. In eine schwache Mischung aus Zitronensaft oder Essig und Wasser tauchen. Apfelringe auf eine lange Schnur ziehen und zum Trocknen aufhängen oder auf Roste legen. Trocknen Sie die Scheiben im leicht warmen Backofen bei geöffneter Tür, damit der Dampf entweichen kann. Sind die Apfelringe ledrig, abkühlen lassen, dann in einen Behälter legen und verschließen. Apfelringe können als Snack gegessen werden: Oder Sie weichen Sie in Wasser ein, kochen sie leicht und verwenden sie für Kuchen oder Saucen.

Kandierte Äpfel

6 Bio-Kochäpfel
500 g Kristallzucker
150 ml Wasser
2 TL Essig
80 g Butter
1 EL heller Zuckerrübensirup

Äpfel gut waschen, abtrocknen, Stängel entfernen und ein kleines Stöckchen hineinstecken. Zucker und Wasser in einem Topf unter ständigem Rühren aufkochen lassen. Essig, Butter und Sirup unterrühren. Weiterkochen.

Kaltes Wasser in eine kleine Schüssel gießen. Nach etwa 10 Minuten die kochende Mischung testen: einfach einen halben Löffel davon ins kalte Wasser geben. Fertig ist die Mischung, wenn sie im kalten Wasser sofort hart wird. Ist dies der Fall, den Herd ausstellen.

Eine große Schüssel zur Hälfte mit kaltem Wasser füllen. Einen Apfel am Stiel fassen, in die Mischung tauchen und den Stiel so lange drehen, bis der Apfel mit einer richtig schönen Schicht überzogen ist. Herausnehmen und sofort in das kalte Wasser tauchen, einige Male drehen, dann kurz auf dem Schüsselboden aufsetzen, damit der Apfel seine Standform bekommt. Herausnehmen und zum Festwerden auf eine mit Butter bestrichene Platte setzen.

Zucchinikuchen

- 150 g feiner Zucker
- 3 Eier
- 150 ml Olivenöl
- 150 g geriebene Zucchini
- 300 g Weizenmehl
- 1 TL Backpulver
- 1 TL Natron
- 1 Pr Salz
- 1 TL gemahlener Zimt
- Saft und Schale von 1 Zitrone

Den Backofen auf 190 °C vorheizen. Zucker, Eier und Öl in einer großen Schüssel schaumig aufschlagen. Restliche Zutaten nach und nach unterarbeiten. Die Mischung in eine vorbereitete, 20 Zentimeter tiefe Form geben und im Backofen 45 Minuten backen.

Cinderella-Suppe

Wer einen großen Kürbis hat, kann daraus Cinderella-Suppe kochen. So viel Kürbis schälen und klein schneiden, dass die Hälfte eines großen Topfes damit gefüllt ist. Kürbis mit Wasser bedecken, aufkochen und so lange köcheln, bis der Kürbis weich ist. Vom Herd nehmen. Die Suppe in einer Küchenmaschine pürieren. Einen zerkrümelten Würfel Gemüsebrühe zugeben und kochendes Wasser oder selbst gekochte Brühe. Am Ende sollten Sie eine gute dicke Suppe haben. Bei schwacher Hitze nochmals erwärmen, salzen und pfeffern. Mit frisch gehackter Petersilie bestreuen und einen großen Klecks Joghurt daraufgeben.

Piccalilli

Ergibt 10 Gläser

- 2 Köpfe Blumenkohl
- 2 Salatgurken
- 20 Stangenbohnen
- 5 Zwiebeln
- 1 Gartenkürbis
- 2 TL Meersalz
- 1 l Essig
- 125 g Demerara-Zucker
- 25 g Piment
- 25 g Senfpulver
- 1 TL Senfkörner
- ½ TL gemahlener Pfeffer
- 1 TL gemahlener Ingwer
- 1 TL gemahlene Kurkuma
- 2 TL Maismehl

Das Gemüse in Würfel schneiden und in einer großen Porzellanschüssel salzen. Mit einem sauberen Küchenhandtuch abdecken und über Nacht ziehen lassen.

Bis auf eine Tasse den Essig mit Zucker und Gewürzen in einen Topf geben. Rühren, damit der Zucker sich auflöst. Aufkochen lassen. Das Gemüse abgießen und in den kochenden Sud geben. 10 Minuten köcheln.

Restlichen Essig in einer kleinen Schüssel mit dem Maismehl verrühren und zum Gemüse geben. Die Flüssigkeit dickt damit ein.

Piccalilli 5 Minuten weiterköcheln. Abschmecken, eventuell nachsalzen. Vom Herd nehmen und in Gläser abfüllen.

Köstliche Knusperbirnen

Suchen Sie fast reife Birnen aus. Schneiden Sie dünne Scheiben (Schale nicht abschälen) und geben Sie diese sofort in eine Lösung aus 4 Esslöffeln Zitronensaft und 4 Esslöffeln Wasser. Herausnehmen, trocken schütteln, mit etwas feinem Zucker bestreuen, dann auf gefettete Roste legen und im Backofen bei niedrigster Temperatur etwa 4 Stunden trocknen. Wenn die Birnenscheiben ledrig-knusprig sind, sind sie fertig. Abkühlen und in eine Dose füllen. Das Gleiche geht auch mit Apfelscheiben, diese werden mit Zimt-Zucker bestreut, bevor sie in den Ofen kommen.

Knusprige Wurzelgemüsestücke

Selbst gemachtes Knabbergemüse schmeckt am besten am Tag der Zubereitung. Aber in einem luftdichten Gefäß bleibt es eine Woche frisch. Pastinaken, Möhren, Rote Bete und Kartoffeln werden herrlich knusprig. Das Gemüse gut schrubben und mit einem sauberen Küchenhandtuch abtrocknen. Dann mit einer Mandoline (Gemüsehobel) in etwa 2–3 Millimeter dünne Scheiben schneiden. Zu dünne Scheiben verbrennen, zu dicke werden nicht richtig knusprig. Scheiben portionsweise in der Fritteuse oder einer tiefen Pfanne frittieren, fertige Scheiben zum Abtropfen auf Küchenpapier legen, dann auf einen Teller. Leicht salzen.

Geröstete Sonnenblumenkerne

Ein Handvoll geschälter Sonnenblumenkerne in eine Bratpfanne geben, mit Sojasauce beträufeln und einige Minuten erhitzen. In eine Schüssel füllen und einfach knabbern.

Gerösteter Kürbis

Den Kürbis einfach schälen und in mundgerechte Stücke schneiden, mit Olivenöl beträufeln und mit Meersalz bestreuen. Im heißen Backofen so lange rösten, bis die Stücke am Rand braun und zart sind.

Fantastische Kürbispie

Mürbeteig ***(s. S. 110)***

Füllung

250 g geschälter und klein geschnittener Kürbis
1 TL gemahlener Zimt
½ TL gemahlene Gewürzmischung (Koriander, Piment, Muskat, Ingwer, Nelken)
2 große Eier
75 g Zucker
200 g Schlagsahne

1 Den Backofen auf 180 °C vorheizen.

2 Eine Pieform mit Butter bestreichen. Den Teig so ausrollen, dass er in die Form (20 cm Durchmesser) passt. Mehrmals mit einer Gabel einstechen und 15 Minuten blindbacken.

3 Kürbis weich dämpfen, in einer Schüssel mit den Gewürzen mischen.

4 Eigelb mit Zucker in einer Schüssel leicht schaumig aufschlagen.

5 Eiweiß so steif schlagen, bis es Spitzen bildet.

6 Die Sahne unter das abgekühlte Kürbispüree rühren. Eigelb-Zucker-Mischung unterrühren. Geschlagenes Eiweiß unterheben und die Kürbismischung auf dem Teigboden verstreichen.

7 35 Minuten backen, dann Garprobe machen. Warm mit etwas Crème double oder fraîche servieren.

Borscht

In Polen soll jeder Koch ein anderes Borscht-Rezept haben. Einige geben Tomaten dazu, andere nicht; einige nehmen Lauch, andere nur Zwiebeln. Die Mischung grüner Kräuter wechselt je nach Region und Jahreszeit. Ich nehme ein traditionelles Rezept, das ich von einer Polin habe. Sie erzählte mir, es sei das Rezept ihrer Großmutter.

3 Zwiebeln klein schneiden und anbraten. 2 große geputzte und geriebene Möhren und 2–3 kleine geputzte und geriebene Rote Bete hinzufügen. Wer Lauch verwendet, schneidet ihn in dünne Scheiben und gibt ihn ebenfalls in den Topf. Zugedeckt 10 Minuten dünsten. Jetzt eine Dose gehackte Tomaten zugeben (oder 6 frische gehackte Tomaten), 2 mittelgroße geschälte und gewürfelte Kartoffeln und 1 Liter Gemüsebrühe. Nun die Gewürze: Geben Sie 5 Nelken und einige Pimentkörner hinzu, eine halbe Tasse gehackte Petersilie und jeweils einige Zweige Majoran und Oregano. Das Ganze 1 Stunde köcheln. Mit einem großen Klecks Joghurt oder Schmand und dicken Scheiben eines knusprigen Vollkornbrots servieren. Wodka ist nicht obligatorisch …

Fisch und Meeresfrüchte

Mein Großvater fischte gern, und die Spezialität meines Onkels Jack war Flusskrebs, den er Sonntagmorgens bei günstiger Tide fing. Später saß er dann am Tisch und aß frisch gekochten Krebs. Warm und zart, mit zerlassener Butter beträufelt und leicht gesalzen.

Der Fischmann

Während meiner Kindheit kannte nahezu jeder einen Fischmann, der jede Woche mit seinem Lieferwagen voller Fisch auf Eis durch die Gegend fuhr. Es klopfte an der Hintertür und da stand er dann mit seinem kleinen, weiß eingewickelten Päckchen: mit Zutaten für einen Fischauflauf oder einigen Rochenflügeln, vielleicht mit einem hübschen Stückchen Schellfisch … Er brachte die Bestellungen für eine ganze Woche. „Ich habe herrlichen Wittling/Seezunge/Heringe auf Eis erhalten – gerade heute morgen!" Heutzutage stehe ich im Fischladen, erschlagen von dem Angebot und oft ratlos, was ich denn damit anfangen soll, wenn ich mit dem Einkauf zu Hause bin.

Fischpastete

Ich kaufe normalerweise Lachssteak und die gleiche Menge geräucherten Kabeljau oder Schellfisch sowie einen günstigen weißen Fisch und eine Handvoll geschälte Garnelen.

2 Portionen (mit Resten für ein leichtes Mittagsessen)

1 Den Backofen auf 180 °C vorheizen.

2 4 mittelgroße Kartoffeln schälen, kochen und zerstampfen. Den Fisch in mundgerechte Stücke schneiden. Den Fisch (nicht die Garnelen) in einem Topf mit Milch bedecken. Aufkochen, dann die Temperatur herunterstellen und köcheln, bis der Fisch gerade gar ist. Topf vom Herd nehmen und die Milch in eine Schüssel abgießen.

3 Für die Sauce 1 Esslöffel Olivenöl oder Butter in einem kleinen Topf erhitzen; 1 Esslöffel Mehl sowie Salz und Pfeffer zugeben. Bei schwacher Hitze verrühren und 1–2 Minuten kochen lassen, dann 250 Milliliter Milch unter ständigem Rühren zugießen. Ist die Sauce dick, diese über Fisch und Garnelen gießen. 1 Esslöffel gehackte Petersilie und 1 Spritzer Zitronensaft zugeben. Das Ganze in eine passende Auflaufform geben und mit einer dicken Schicht Kartoffelpüree bestreichen. Einige Semmelbrösel und etwas geriebenen Käse darüberstreuen (das mache ich nicht immer). 20 Minuten backen, dann mit Gemüse oder einem grünen Salat servieren.

Ganzen Lachs pochieren

Lachs säubern, entschuppen, gründlich in kaltem Wasser abspülen und wiegen. Den Fisch in einen Fischkochkessel oder in einen großen, tiefen Bräter legen. Haben Sie keine so große Form, dass Sie den Lachs flach hineinlegen können, rollen Sie ihn passend. Mit kaltem Wasser, in das 1 Schuss Olivenöl, 1 Zitronenscheibe und 1 kleines Bund Petersilie kommt, übergießen. Den Deckel auflegen oder fest mit Alufolie abdecken. Bräter auf den Herd stellen und sanft aufkochen lassen. Das Wasser sollte sich kaum bewegen. Zur Berechnung der Garzeit rechnen Sie für jedes Kilogramm Fisch 10 Minuten, dazu insgesamt noch einmal 20 Minuten. Für die Garprobe ziehen Sie an der Rückenflosse – kommt sie leicht raus, ist der Fisch gar. Den Lachs aus der Kochflüssigkeit nehmen, 15 Minuten ruhen lassen und dann servieren oder abkühlen lassen und kalt anrichten.

Meine Sauce Hollandaise

Geben Sie 2 Eigelb, 50 g Butter, einen guten Schuss Olivenöl, Salz, Pfeffer sowie Saft und Schale von einer halben Zitrone in eine Schüssel. Die Sauce über dem Wasserbad dick-cremig rühren. Gegebenenfalls etwas Brühe unterrühren, sollte die Sauce zu dick sein. Sofort servieren.

Selbst gemachte Fischbrühe

Fischköpfe und Schwänze von 3 oder 4 kleinen Fischen oder einem großen Fisch
1 Zwiebel
2 Möhren
2 Selleriestangen
1 Lauchstange
Etwas Petersilie
1 Lorbeerblatt
3 Pfefferkörner

Gießen Sie 3 Liter Wasser in einen Topf. Gemüse hacken und hineingeben. Fischköpfe, Schwänze und Gräten, Petersilie, Lorbeer und Pfefferkörner zugeben. Aufkochen, dann die Temperatur reduzieren und zugedeckt etwa 1 Stunde köcheln. Brühe durch ein Sieb passieren.

Eingelegter Fisch

Nehmen Sie 2 kg festen weißen Fisch, schneiden Sie das Fleisch in mundgerechte Stücke und wälzen diese in Mehl. 4 große Zwiebeln in Scheiben schneiden und in etwas Öl braten; sind sie glasig, 2 gestrichene Teelöffel Garam Masala, 1 gestrichenen Teelöffel Kurkuma, 1 Prise Nelken und 1 Spritzer Zitronensaft einrühren und 1 Teelöffel Zucker darüberstreuen. 2 oder 3 Lorbeerblätter hineingeben und auch einige Curryblätter, eine sehr kleine Chili und 6 Pfefferkörner. Mit Salz bestreuen und schließlich 200 Milliliter Essig zugeben und köcheln lassen. Den Fisch zufügen und garen. Der eingelegte Fisch schmeckt am besten einen Tag nach der Zubereitung. Dazu reichen Sie Brot und Salat.

Eingelegte Heringe

Gießen Sie 200 Milliliter Apfelessig in eine flache Auflaufform. Eine große Zwiebel in Scheiben schneiden und die Hälfte der Ringe auf den Boden der Form legen. 6 frische Heringe waschen und filetieren, mit reichlich Meersalz und schwarzem Pfeffer bestreuen, aufrollen und in die Auflaufform setzen. Das Ganze mit grob gehackter Chili (entkernt) und 1 Teelöffel Wacholderbeeren (einige davon zwischen die Filets stecken) bestreuen. Restliche Zwiebelringe darauflegen und mit einem Deckel oder Alufolie zudecken. Im Backofen auf mittlerer Einschubleiste 40 Minuten backen, Deckel oder Folie entfernen und für weitere 15 Minuten garen. Abkühlen lassen und mit Brot, Butter, frischem Krautsalat oder einem grünen Salat servieren.

Fisch räuchern

Sie können Fisch auch in Ihrer Küche räuchern, wenn Sie einen Gasherd haben. Sonst seien Sie erfinderisch. Öffnen Sie aber ein Fenster und schaffen einen Platz im Freien, wo Sie die Roste mit dem heißen Fisch abkühlen lassen können. Ich empfehle, es mit Forellenfilets oder Lachssteaks zu probieren. Der Fisch hat ein delikates Raucharoma.

½ TL Meersalz
1 TL Zitronensaft
1 EL Olivenöl
150 ml kaltes Wasser
4 Forellenfilets
Salz und frisch gemahlener schwarzer Pfeffer
1 große Handvoll Holzschnitzel (am besten aus Erle oder Eiche)

1 Aus Meersalz, Zitronensaft, Olivenöl und Wasser eine Marinade in einer flachen Form anrühren. Die Filets in die Marinade legen, abdecken und 1 Stunde im Kühlschrank durchziehen lassen.

2 Zum Vorbereiten der Räucherstelle eine Lage feste Alufolie auf 1 Backblech (oder 1 Fettpfanne) legen und eine Handvoll Holzschnitzel darauf verteilen. Den Rost einölen und darüberstellen. Der Abstand zwischen Rost und Holzschnitzeln sollte so groß sein, dass sie nicht in Berührung kommen.

3 Die Filets aus der Marinade nehmen und mit der Hautseite nach unten auf den Rost legen. Das Ganze mit einer doppelten Lage fester Alufolie abdecken und an den Kanten umschlagen, gut festdrücken. Die Folie darf allerdings den Fisch nicht berühren.

4 Öffnen Sie das Fenster. Das Blech 3 Minuten über der höchsten Gasflamme erhitzen. Dann das Gas ausschalten und den Fisch einige Minuten ruhen lassen.

5 Die Folie öffnen (ich trage meist vorher alles nach draußen) – die Forelle sollte jetzt gar sein. Servieren Sie dazu Salat.

Wenn Sie Lachsfilets räuchern, sollten Sie Fenchelgrün zwischen die Holzschnitzel legen.

Bekommen Sie keine Holzschnitzel, versuchen Sie es mit 3 Esslöffeln ungekochtem Reis, 1 Teelöffel Zucker und etwas Fenchelgrün aus dem Garten. In skandinavischen Ländern räuchert man den Lachs im Freien über Wacholderzweigen und heißen Kohlen.

Einige Hölzer sind giftig, räuchern Sie Fisch daher stets nur über unbehandelten Holzchips, die eigens für das Räuchern von Fisch angeboten werden.

Shrimps selbst einmachen

Bei den sogenannten „Potted Shrimps" sind die kleinen englischen braunen Shrimps einfach die besten. Salz, Pfeffer, Muskat, Muskatblüte und etwas Zitronensaft – und schon haben Sie ein königliches Essen.

2 Portionen (Mittagessen) oder 4 (Vorspeise)

100 g Butter
1 Pr Muskat
1 Pr Macis
250 g gegarte und geschälte Shrimps
2 TL Zitronensaft
Salz und weißer Pfeffer zum Abschmecken

Butter in einem kleinen Topf zerlassen, Muskat und Muskatblüte unterrühren.

Die geschälten Shrimps in Zitronensaft tauchen, dann in die Butter geben. Vorsichtig rühren, bis alle Shrimps mit Butter bedeckt sind.

Mit Salz und Pfeffer abschmecken.

Die Shrimps in kleine Gläser oder Ramekinformen füllen. Die restliche Butter aus dem Topf darübergeben und die Gläser zum Abkühlen in den Kühlschrank stellen.

Zu den Shrimps Kopfsalat oder Tomatensalat reichen und in Scheiben geschnittenes Brot mit Butter.

Herzhafte Krebspuffer

Am besten schmeckt mir das Rezept mit dem Fleisch der Blauen Schwimmkrabbe, aber Sie können jedes andere frische oder gekühlte Krebsfleisch verwenden.

2 Portionen

50 g Cracker
1 Ei
2 EL Mayonnaise
1 guter Spritzer Zitronensaft
Meersalz und schwarzer Pfeffer
500 g weißes und braunes Krebsfleisch
Öl zum Braten

Cracker in einem Mixer zerkleinern oder in einen Gefrierbeutel legen, diesen fest verschließen und die Cracker zerstoßen.

Ei, Mayonnaise, Zitronensaft, Salz und Pfeffer in einer großen Schüssel leicht verrühren, dann Krebsfleisch und Crackerbrösel gut untermischen. 20 Minuten ruhen lassen.

Jeweils 1 guten Esslöffel Mischung zu dicken, leicht flachen Küchlein formen. Kalt stellen, den Salat zubereiten und den Tisch decken.

Die Küchlein in etwas Öl von beiden Seiten braten. Die fertigen Puffer sollten eine goldbraune Farbe haben.

Dazu schmecken knuspriges Brot, ein grüner Salat, eine große Schüssel Kartoffelsalat, frisch eingelegte Kapern und Zitronenmayonnaise.

Muscheln essen

Kaufen Sie Muscheln bei einem vertrauenswürdigen Händler. Suchen Sie Exemplare aus, die frisch aussehen und deren Schalen gesund glänzen und nicht zerbrochen oder angeschlagen sind.

Garen Sie die Muscheln am Tag des Kaufs oder innerhalb von ein bis zwei Tagen. Sobald Sie mit den gekauften Meeresfrüchten zu Hause angekommen sind, geben Sie diese in einen Eimer oder ein anderes großes Gefäß. Hinzu kommen kaltes Wasser und etwas Mehl. Stellen Sie die Muscheln in den Kühlschrank. Muscheln, die sich nicht schließen, wenn sie ins kalte Wasser kommen, werfen Sie weg.

Die Muscheln einzeln schrubben. Alle Muscheln mit angeknacksten Schalen aussortieren. Noch einmal unter fließend kaltem Wasser abspülen und schon sind die Muscheln zum Kochen bereit.

Für 1 Kilogramm Muscheln brauchen Sie einen großen Topf und einen guten Schuss Olivenöl. Geben Sie eine in Scheiben geschnittene Zwiebel und einige Knoblauchzehen hinzu und lassen Sie beides darin glasig dünsten. Jetzt kommt ein Glas trockener Weißwein hinzu. Aufkochen und die Muscheln hineingeben, zugedeckt leicht schütteln. Nach 1–2 Minuten sollten die Muscheln gar sein. Topf schütteln, nachschauen und den Muscheln vielleicht noch 30 Sekunden Zeit lassen. Muscheln sind gar, wenn die Schalen geöffnet sind und man das Fleisch sieht. Werfen Sie alle Muscheln weg, die sich nicht geöffnet haben. Muscheln aus dem Topf nehmen und in warme Schüsseln füllen. Ein Weinglas Sahne in die Kochflüssigkeit rühren und einen Esslöffel gehackte Petersilie zugeben. Sauce unter Rühren erwärmen, dann über die Muscheln geben. Dazu schmeckt warmes, knuspriges Brot.

Wild

Herbstzeit ist Wildzeit: Es gibt Fasan, Wachtel und Rebhuhn (mein persönlicher Favorit). Dazu esse ich gerösteten Kürbis, Wurzelgemüse und eine gute Sauce.

Kaninchen und Hasen zubereiten

Legen Sie das ganze Kaninchen mit einer Zwiebel und einer Möhre in einen großen Topf und bedecken Sie das Fleisch mit Wasser. Aufkochen und 2 Stunden zugedeckt köcheln. Den Topf vom Herd nehmen, Flüssigkeit abgießen und Gemüse herausnehmen. Das Fleisch von den Knochen lösen. Vorsicht: Die Knochen sind sehr klein.

Wildpastete

4 Portionen

Teig
200 g Weizenmehl
100 g Schmalz
Kaltes Wasser

Füllung
1 gehackte Zwiebel
1 mittelgroße Möhre, gewürfelt
2 EL gehackte Petersilie
½ TL gemischte getrocknete Kräuter
1 mittelgroße Kartoffel, geschält und gewürfelt
150 ml Gemüsebrühe
1 Handvoll Erbsen
400 g gekochtes Kaninchenfleisch
200 g Wurstbrät

Für den Teig Mehl und Schmalz mischen und mit den Händen so lange kneten, bis Brösel entstehen. Etwas kaltes Wasser unterarbeiten. Den Teig 30 Minuten im Kühlschrank ruhen lassen.

Den Backofen auf 190 °C vorheizen.

Zwiebel in etwas Öl anbraten, dann die Möhrenwürfel zugeben. Petersilie und Kräuter darüberstreuen und die Kartoffelwürfel untermengen. Brühe zugießen. Die Mischung in die Auflaufform geben und Erbsen, Kaninchenfleisch und Brät in kleinen Stücken zugeben. Den Teig ausrollen, auf die Füllung legen und an den Rändern festdrücken. Mit Blättern aus Teig verzieren. In die Mitte des Teigs ein kleines Loch schneiden, damit der Dampf entweichen kann, und den Teig mit etwas Milch oder Ei bestreichen.

30 Minuten im Backofen garen, dann die Temperatur auf 180 °C reduzieren und weitere 30 Minuten backen. Heiß servieren.

Wachtelsalat

2 Portionen

2 ofenfertige Wachteln
Sojasauce
200 g kleine, festkochende Kartoffeln
1 Schüssel Salatblätter
Olivenöl
Balsamicoessig
Salz und schwarzer Pfeffer
Kapern

Zwei Pfannen mit jeweils etwas Öl auf den Herd stellen. Wachteln in Brust und Beine teilen, mit etwas Sojasauce beträufeln und im heißen Öl rosa braten. Kartoffeln in der anderen Pfanne sautieren. Die Salatblätter mit etwas Olivenöl mischen, und mit einer winzigen Menge Balsamico beträufeln. Jeweils eine große Handvoll Blätter auf einen Teller drapieren, dazu das Wachtelfleisch. Dafür die Brüste in zwei oder drei Teile schneiden und in einem hübschen Winkel zu den Beinen mitten auf den Salat legen. Mit wenigen Kapern bestreuen und servieren.

Hähnchen-Reste-verwertung

Zuerst das Hähnchen mit reichlich Salbei und Zwiebeln gefüllt garen. Anschließend einige Scheiben Hähnchenfleisch und eine Keule oder einen Flügel mit etwas von der Füllung auf Tellern anrichten. Dazu Bratkartoffeln, Gemüse der Saison und reichlich Sauce reichen.

Entfernen Sie das restliche Fleisch von den Knochen, füllen Sie es in eine Schüssel und stellen es abgedeckt in den Kühlschrank. Daraus lässt sich ein Auflauf mit einer schmackhaften Weißweinsauce und vielen Pilzen zaubern oder ein Hähnchen-Pilz-Risotto zubereiten. Verwenden Sie die Knochen, um eine Brühe mit Klößchen oder Hühnersuppe mit Nudeln zuzubereiten.

Huhn

Früher hielt sich fast jeder auf dem Land Hühner, um Eier und etwas im Topf zu haben. Und es wurde nichts verschwendet. Ein gutes gefülltes und gebratenes Huhn aus der Freilandhaltung reicht für eine ganze Familie und aus den Knochen kann man eine schmackhafte Brühe zubereiten.

Brathuhn mit Salbei-Zwiebelfüllung

Als Beilage passen gut Bratkartoffeln und Gemüse.

Suchen Sie sich ein dralles Hühnchen aus, etwa 1,5 bis 2 Kilogramm schwer. Die Innereien und die Füße entfernen und beides mit einem Lorbeerblatt und etwas Petersilie in einem kleinen Topf aufkochen und zugedeckt 30 Minuten köcheln, beiseitestellen.

Füllung

1 mittlere geriebene Möhre
1 mittlere, fein gehackte Zwiebel
Etwas Oliven- oder Sonnenblumenöl
250 g Semmelbrösel oder Hafermehl
250 g Wurstbrät
1 Ei
1 EL gehackte Petersilie
1 TL gehackte Salbeiblätter (oder ½ TL getrockneter Salbei)
1 TL gehackter Thymian (oder ½ TL getrockneter Thymian)
1 gute Pr Salz
Frisch gemahlener schwarzer Pfeffer

1 Den Backofen auf 200 °C vorheizen.

2 Möhre und Zwiebel in etwas Öl weich garen. Hafermehl (oder Semmelbrösel), Brät, Ei, Kräuter und Gewürze in eine Rührschüssel geben. Zwiebel und Möhre zugeben und alle Zutaten mit den Händen mischen.

3 Das Huhn innen und außen waschen. Die vorbereitete Füllung in die Bauchhöhle geben, Reste der Füllung zu kleinen Bällen formen und beiseitelegen. Die Haut des Huhns mit etwas Öl einreiben und salzen. In einen Bräter legen und in den heißen Ofen schieben – und zwar 20 Minuten pro 450 Gramm Gewicht und zusätzlich 20 Minuten für das Huhn. Ist das Huhn nicht gefüllt, reduziert sich die Garzeit auf 15 Minuten pro 450 Gramm und zusätzlich 15 Minuten für das Huhn.

Stecken Sie in die Bauchhöhle eines Fasans oder Rebhuhns einen Apfel, das ergibt einen schmackhafteren Bratensaft.

Selbst gemachte Hühnerbrühe

Heute gibt es Brühwürfel oder Brühe im Glas. Unsere Großmütter hatten noch einen Brühentopf. Ein genaues Rezept für Brühe gibt es nicht, aber es gibt einige Dinge zu beachten. Abgesehen von Petersilienstängeln gehören keine anderen Kräuter hinein, auch keine Kartoffeln, denn dann würde die Brühe trüb. Vergessen Sie nicht, die Brühe gut durch ein Sieb zu passieren.

1 gegartes oder rohes Hähnchen-Skelett, Hühnerknochen oder Hähnchenflügel
1 Zwiebel
2 Möhren
2 Selleriestangen
1 Lauchstange
Etwas Petersilie
1 Lorbeerblatt
3 Pfefferkörner

3 Liter Wasser zu den Knochen in den Topf gießen. Gemüse hacken und zugeben, ebenso Petersilie, Lorbeer und Pfefferkörner. Das Ganze auf dem Herd aufkochen lassen, dann die Temperatur reduzieren und zugedeckt etwa 1 Stunde köcheln. Topf vom Herd nehmen und die Brühe durch ein Sieb gießen. Sie kann sofort weiterverarbeitet werden.

Wenn Sie die Brühe nicht gleich benötigen, können Sie diese im Kühlschrank 4 Tage aufbewahren. Oder Sie frieren sie ein, dann hält sie sich 3 Monate. Denken Sie an die genaue Beschriftung.

Hähnchen-Sandwich

2 mittlere Scheiben gutes Vollkornbrot
Warme Saucenreste
Reste der Hähnchenfüllung

Brotscheiben mit Butter bestreichen, auf eine Brotscheibe etwas warme Bratensauce streichen. Etwas von der kalten Füllung daraufgeben und einige Stückchen Hähnchenfleisch, dann wieder etwas Sauce. Mit Salz und Pfeffer bestreuen und die zweite Brotscheibe darauflegen.

Hühnerbrühe mit Klößen

Hühnerknochen in einem Topf mit einer kleinen gehackten Zwiebel, einigen Selleriestücken, zwei kleinen Möhren, einem Stück Zitronenschale, einigen Petersilienzweigen, etwas Zitronenthymian und 1,5 Litern Wasser aufkochen und zugedeckt etwa 1 Stunde köcheln. Die Brühe durch ein Sieb passieren und wieder in den Topf geben. Hähnchenfleischreste zugeben und aufkochen.
Die vorbereiteten Klöße in der Brühe garen.

Klöße
20 g weiche Butter
100 g Mehl
1 EL fein gehackte Petersilie
¼ TL fein gehackter Zitronenthymian
Etwas Milch

Butter mit dem Mehl mischen, Kräuter unterarbeiten und mit etwas Milch vermengen. Kleine Klößchen formen, nicht größer als große Murmeln.

Altmodische Hühnersuppe

Hühnerknochen in 2 Litern Wasser mit einem Lorbeerblatt, einem Bund Petersilie, 4 Pfefferkörnern, etwas Thymian und 6 Nelken zugedeckt etwa 1 Stunde köcheln. Durch ein Sieb gießen und servieren.

Hühner-Nudelsuppe

In meiner Kindheit habe ich jede Menge von dieser leckeren Suppe gegessen. Eine Brühe zubereiten (wie Brühe mit Klößen gegenüber); kurz vor dem Essen eine Handvoll klein gebrochener chinesischer Nudeln in die Brühe geben. Dazu schmeckt heißer Toast mit Butter.

Aus der Heukiste

In harten Zeiten, als Brennstoff knapp war oder ganze Familien tagsüber arbeiten mussten und keiner da war, der das Essen vorbereiten konnte, wurde ein Eintopf zubereitet. Angesetzt wurde dieser auf dem Ofen, dann wurde der Topf auf eine Schicht Heu in eine Kiste gestellt und rundherum mit Heu verpackt. Er stand wie in einem Heunest. In der inselartigen Wärme konnte der Eintopf weitergaren. Abends war dann das Essen fertig.

Brathähnchen aus dem Heu

Gart man ein Hähnchen in Heu, bekommt das Gericht einen besonderen Geschmack und das Fleisch bleibt saftig. Setzen Sie einen Topf Wasser auf und geben Sie Hähncheninnereien und Füße, eine gehackte Zwiebel und eine Möhre und etwas Sellerie hinein, um eine Brühe zu kochen.

1 Beutel sauberes, frisches Heu
1 kleines Bund Thymian
1 gutes Brathähnchen
Butter, Salz und Pfeffer
250 ml Wasser

Den Backofen auf 200 °C vorheizen.

Heu und einige Zweige Thymian 2 Stunden in kaltem Wasser einweichen.

Hähnchen vorbereiten, mit Butter einreiben und innen und außen salzen und pfeffern. 4 Zweige Thymian mit etwas Butter in die Bauchhöhle geben.

Ein Drittel vom Heu auf dem Boden einer großen Auflaufform verteilen. Das Huhn darauflegen. Das restliche Heu und den Thymian rundherum und oben darauflegen.

Eine Tasse Wasser darübergießen. Die Auflaufform abdecken und in den Backofen schieben.

1½ Stunden im Backofen garen. Dann das Huhn aus seinem Nest nehmen und in eine saubere Backform legen. Einige Minuten zum Bräunen in den Backofen stellen. In die Schenkel stechen – ist der austretende Saft klar, ist das Fleisch gar.

Teigwaren

Meine Großmutter konnte herrliche Teige machen; sie nahm kaltes Selterswasser für Mürbeteig, und wenn sie Blätterteig zubereitete, wurden die Lagen absolut präzise gefaltet.

Was man für guten Teig braucht

Als ich das erste Mal für 60 Leute in Old Hall in Suffolk kochte, habe ich mich an die Rezepte meiner Großmutter gehalten und Pasteten gebacken – und auf den Tellern lag zum Schluss kein Krümel mehr.

Achten Sie darauf, dass alle Zutaten kalt sind (auch das Mehl), würfeln Sie die Butter, bevor Sie diese mit dem Mehl vermengen; und ist der Teig fertig, formen Sie eine Kugel daraus und legen diese mindestens 30 Minuten in den Kühlschrank. Beim Ausrollen des Teiges beschränken Sie sich auf einige wenige Striche. Und wenn Sie Teig übrig haben, rollen Sie ihn aus, legen ihn dann auf ein passendes Blech und frieren ihn eingeschlagen auf dem Blech ein. Der Teig kann natürlich auch aufgeteilt werden – für mehrere kleinere Formen.

Mürbeteig

Ergibt Teig für eine 22 cm große Form

240 g Weizenmehl
125 g Butter
1–2 EL Eiswasser

Das Mehl in eine große Rührschüssel sieben. Butter in 1 Zentimeter große Würfel schneiden und dazugeben. Mit den Fingern kneten, bis beides gut gemischt ist; Eiswasser zugeben, aber nicht zu viel. Aus dem Teig einen kleinen Laib formen und 30 Minuten in den Kühlschrank stellen. Die Arbeitsfläche mit Mehl bestäuben und den Teig auf die erforderliche Dicke ausrollen. In eine gebutterte und bemehlte Backform legen. Die Form vor dem Backen 15 Minuten kalt stellen.

Wenn Sie einen süßen Mürbeteig herstellen möchten, z.B. für Marmeladentörtchen oder um den Teig mit Schokoladensauce oder Fruchtsirup zu füllen, geben Sie 3 Esslöffel feinen Zucker hinzu.

Blindbacken

Blindbacken bedeutet, den Teig ohne Füllung oder Belag zu backen. Die Backform mit Butter bestreichen, den Teig ausrollen und in die Form legen, überschüssigen Teig abschneiden. Ein Stück Backpapier in der Größe der Form zuschneiden und auf die Teigplatte legen. Bohnen oder andere Hülsenfrüchte darauflegen. Den Teig im Backofen so lange backen, bis er gar ist; dann aus dem Ofen nehmen. Die Bohnen können Sie übrigens häufiger zum Blindbacken verwenden, also heben Sie diese in einem beschrifteten Glas auf.

Knusperteig

250 g Weizenmehl
125 g Butter
125 g weiche Butter
3 EL Eiswasser
1 TL Zitronensaft

1 Das Mehl in eine Rührschüssel sieben.

2 Die Butter würfeln, zum Mehl geben und mit den Fingern unterarbeiten.

3 Eiswasser und Zitronensaft mischen und unter den Teig arbeiten. Aus dem Teig einen dicken Laib formen.

4 Den Teig auf einer leicht bemehlten Arbeitsfläche zu einem etwa 5 Millimeter dicken Rechteck ausrollen. Mit der Hälfte der weichen Butter bestreichen und das untere sowie obere Teigdrittel einschlagen, sodass die Teigplatte aus drei Schichten besteht. 15 Minuten in den Kühlschrank legen. Herausnehmen und wieder auf die bemehlte Arbeitsfläche legen. Den Teig wieder zu einem Rechteck ausrollen, mit der restlichen Butter bestreichen und wieder falten. Für 30 Minuten in den Kühlschrank stellen. Dann ist der Teig zur Weiterverarbeitung fertig. Dies ist kein klassischer Blätterteig, aber er wird sich aufbauschen und aus einigen Blättchen bestehen.

Jessies berühmte Rinderpastete

Die Kruste von Fleischpasteten kann während des Garens durch den Bratensaft weich werden. Um das zu vermeiden, legen Sie vier Spieße über die Form und den Teig darüber. Wenn Sie die Pastete aus dem Ofen nehmen, entfernen Sie die Spieße und geben etwas zusätzlichen Bratensaft in die Löcher.

Das Rezept stammt aus Australien. Jessies Pasteten spielten in der kulinarischen Erziehung meines Schwagers Peter eine große Rolle. Zubereitet mit selbst gemachtem Knusperteig und in große Kreise geschnitten, wurden die Pasteten gefüllt mit einer Mischung aus geriebener Kartoffel und geriebener Steckrübe, dazu kamen reichlich Petersilie, qualitativ hochwertiges, gewürfeltes Rindersteak und Salz und Pfeffer.

Die Füllung in die Mitte des Teiges geben, die Ränder mit Ei einpinseln und den Teig über der Füllung zusammenschlagen und festdrücken. Mit Ei bepinseln und 20 Minuten im heißen Ofen backen, dann die Temperatur etwas reduzieren und weitere 40 Minuten backen. Schmeckt am besten mit Tomatensauce.

Pasteten aus Cornwall

Mein südafrikanischer Großvater, Scotty Waters, stammte aus Cornwall und war sehr stolz auf seine Herkunft. Er liebte das Meer, war der geborene Schiffer und ein ausgezeichneter Fischer. Wenn er meine Großmutter darum bat, bereitete sie ihm zum Abendbrot ihre Variante dieser Pastete aus Cornwall.

4 Portionen

Teig aus 500 g Weizenmehl, 1 Pr Salz, 250 g Schmalz und Eiswasser *(s. S. 110)*

Ragout

1 große gehackte Zwiebel
400 g Lammfilet, in Würfeln
Salz und Pfeffer
1 Pr Muskatblüte
1 große gehackte und gegarte Möhre
1 EL Weizenmehl
1 EL gehackte Petersilie
Gute Fleischbrühe

1 Zwiebeln in etwas Öl anbraten. Lamm zugeben und scharf anbraten. Muskatblüte, Salz und Pfeffer darüberstreuen und Möhre unterrühren. Aus der Pfanne nehmen und beiseitestellen. Öl oder Butter in die Pfanne geben, mit Mehl und Petersilie bestreuen und unterrühren, einige Tassen Brühe zugießen und den Bratensatz lösen. So lange rühren, bis ein richtig glänzender Bratensaft entsteht. Abgedeckt abkühlen lassen.

2 Den Backofen auf 220 °C vorheizen.

3 Den Teig ausrollen und 4 beilagentellergroße Kreise ausschneiden. Mit Milch oder Ei die Ränder bestreichen, auf eine Seite der Kreise einen Löffel von der Lamm-Gemüsemischung geben, aber nicht zu viel. Das Ganze so verteilen, dass in der Mitte des Fleisches eine Stelle frei bleibt (später kommt da die Sauce hinein). Den Teig über die Füllung schlagen und mit einer Gabel oder den Fingerspitzen fest andrücken. Vorsichtig auf ein vorbereitetes Backblech setzen. Sind die vier Pasteten fertig, füllen Sie mit einem Trichter etwas Sauce hinein – nicht zu viel, einen Esslöffel etwa.

4 20 Minuten im Backofen backen, dann die Temperatur auf 160 °C reduzieren und weitere 30 Minuten backen (größere Pasteten brauchen länger als kleine). Restlichen Bratensaft erhitzen. Pasteten mit Gemüse und Kartoffelpüree oder Salzkartoffeln anrichten. Mit einem Trichter vorsichtig heiße Bratensauce in die Pasteten geben. Restlichen Bratensaft in einem Krug dazureichen.

Süßigkeiten und Gebäck

Als wir Mädchen noch zur Schule gingen, war Tante Heather unsere Karamellkönigin. Mit einigen anderen Hausfrauen zusammen belieferte sie den Schulimbiss. Ihre Karamells waren berühmt, genauso umwerfend waren Kokoseis, Kuchen und alles andere von ihr.

Selbst gemachte Honigwaben

Köstlich knuprige Honigwaben-Toffees sind so einfach, aber die Zubereitung ist etwas dramatisch. Wenn meine Großmutter Toffees machte, musste ich im Hintergrund stehen bleiben und konnte zuschauen, wie sie die zischende Mischung auf ein gebuttertes Blech goss. Wenn Sie eine Arbeitsfläche aus Marmor haben, können Sie die Mischung auch direkt darauf gießen.

1 EL Natron
200 g Zucker
4 EL Zuckerrübensirup

Ein Backblech oder eine andere geeignete Oberfläche mit Butter bestreichen. Natron abmessen und einmal kurz durchrühren.

Zucker und Sirup in einem mittelgroßen Topf mit schwerem Boden auf niedrigster Temperatur schmelzen, mit einem Holzlöffel umrühren. Ist die Mischung geschmolzen, den Löffel herausnehmen und so lange köcheln, bis sie Blasen bildet und eine goldene Farbe angenommen hat (das dauert etwa 3–4 Minuten).

Den Topf vom Herd nehmen und Natron einrühren. Die Masse wird sofort wie ein Vulkan ausbrechen und zischen.

Die Masse sofort auf das gebutterte Blech oder eine Marmorfläche gießen. Abkühlen lassen und dann in kleine Splitter zerteilen, die man in Schokolade oder Eis tauchen kann.

Butterbonbons

500 g Zucker
125 ml Milch
3 EL Wasser
85 g Butter
1 Pr Weinstein

Alle Zutaten in einem Topf aufkochen und rühren, bis sich der Zucker aufgelöst hat. So lange kochen, bis der Sirup die Konsistenz weichen Bruchs hat. Einen Löffel vom Sirup in eine Schüssel kaltes Wasser geben – er sollte einen Faden bilden, der leicht bricht. Ist dies der Fall, gießen Sie die Masse in eine gebutterte Form. Ist die Masse fast fest, ritzen Sie diese in Quadrate; abgekühlt lassen sie sich dort brechen und in Bonbonpapier wickeln.

Zucker kochen

Weiche Ballen 115 °C

Etwas davon in kaltes Wasser geben; die Masse sollte eine kleine Ballenform behalten.

Harte Ballen 120 °C

Etwas davon in kaltes Wasser geben; es sollte ein größerer, festerer Ballen entstehen.

Weicher Bruch 125 °C

Etwas davon in kaltes Wasser geben; die Masse sollte brüchig sein, aber noch an den Fingern kleben.

Harter Bruch 145 °C

Etwas davon in kaltes Wasser geben; die Masse ist nicht mehr klebrig und bricht leicht.

Waffeln zubereiten

2 Eier
125 ml Milch
250 g Weizenmehl
3 TL Backpulver
125 ml Wasser
25 g Butter

Eier trennen. Milch zum Eigelb geben und gut verrühren, dann Mehl und Backpulver darübersieben. So lange rühren, bis der Teig klümpchenfrei ist, dann das Wasser unterrühren. Das Eiweiß so steif schlagen, bis sich Spitzen bilden. Unter den Teig heben. Butter zerlassen und untermengen.

Waffeleisen müssen nicht eingeölt werden. Einfach anschalten, etwas Wasser auf die heiße Fläche spritzen und schließen. Dampft das Waffeleisen, ist es heiß genug fürs Waffelnbacken. Etwas Teig ins Waffeleisen geben (man braucht weniger, als man denkt). Waffeln schmecken am besten frisch, aber sie können auch eingefroren werden. Vor dem Essen einfach auftauen und im Backofen kurz erwärmen. Dazu Honig oder Konfitüre reichen; am liebsten esse ich dazu Quittengelee *(s. S. 120)*.

Sie können mit diesem Teig auch leckere südafrikanische Crumpets backen. Erhitzen Sie dafür eine Pfanne, reiben Sie sie mit etwas Butter oder Öl aus, und geben Sie esslöffelweise den Teig hinein. Bei mittlerer Hitze backen, bis die Blasen platzen. Dann wenden und auf der zweiten Seite goldbraun backen. Dazu reicht man Butter und Konfitüre oder Honig, oder auf amerikanische Art Speck und Eier.

Scones backen

Der Trick dabei: Man sollte den Teig so wenig wie möglich bearbeiten und die Scones kurz bei starker Hitze backen. Ein guter Scone geht wunderbar auf und fällt auch ohne Messer leicht in zwei Teile. Gegessen werde sollte das Gebäck innerhalb weniger Stunden.

Ergibt 8 Scones

250 g Weizenmehl
4 TL Backpulver
50 g Butter
125 ml Milch

Den Backofen auf 220 °C vorheizen.

Mehl und Backpulver in eine Rührschüssel sieben. Die Butter klein würfeln und mit den Fingern zu Bröseln verarbeiten. Milch nach und nach mit einem Spatel unterarbeiten, bis am Ende ein weicher Teig entstanden ist. Teig auf einer bemehlten Arbeitsfläche zu einem etwa 1,5 Zentimeter dicken Rechteck klopfen. Runde Ausstecher in Mehl tauchen, dann die Scones ausstechen. Scones auf ein gebuttertes Blech legen und 12 Minuten backen. Abkühlen lassen und mit Konfitüre und Sahne servieren.

Heathers Vanilletoffee

- 2 kg Zucker (+ 4 EL)
- 1 Dose Kondensmilch
- 125 ml Milch
- 120 g Butter oder Margarine
- 1 EL Zuckerrübensirup
- 1 TL Kakaopulver
- 1 TL Vanillin

Alle Zutaten außer der Kondensmilch und dem Vanillin in einem großen Topf bei niedriger Temperatur rühren, bis der Zucker sich aufgelöst hat. Kondensmilch zufügen und die Temperatur erhöhen. Unter Rühren aufkochen, dann weiterkochen, bis nach etwa 20 Minuten die Weiche-Ballen-Stufe erreicht ist. Die Herdplatte ausschalten und Vanillin unterrühren. Die Masse weiterschlagen, bis sie an den Rändern bereits fest wird. Bleibt sie zu weich, noch einmal 1–2 Minuten aufkochen, dann weiterschlagen. Auf ein mit Backpapier belegtes Backblech geben, abkühlen lassen und dann einschneiden.

Tipps und Tricks zum Brotbacken

Alle Zutaten sollten warm sein, nicht lauwarm und auch nicht heiß.

Kneten, kneten, kneten.

Geht der Brotteig, sollte er es kuschelig warm haben, nicht im Zug stehen und auch nicht angestoßen werden.

Brot muss bei einer Temperatur von 200 °C backen.

Gebackenes Brot sollte sofort aus der Form genommen werden und auf einem Rost abkühlen.

Sehr lecker ist Brot direkt aus dem Ofen, mit etwas Butter bestrichen.

Einfaches Weißbrot

2 TL Zucker
2 TL Salz
500 g Weißbrotmehl (Type 1150)
1 Pk (7 g) Trockenhefe
1 EL Olivenöl
300 ml warmes Wasser

1 Zucker, Salz und Mehl in eine große Rührschüssel sieben. Hefe zugeben und untermischen. Olivenöl und die Hälfte des Wassers zugeben und mit dem Griff eines Holzlöffels die Zutaten verschlagen, bis eine Teigkugel entsteht. Restliches Wasser nach und nach zugeben und unterarbeiten.

2 Reichlich Mehl auf die Arbeitsfläche geben. Den Teig aus der Schüssel nehmen, bemehlen und kräftig kneten. So lange kneten, bis der Teig elastisch und glatt ist. Sie müssen zwischendurch den Teig wieder mit Mehl bestäuben. Den Teig zu einer Kugel formen und wieder in die Schüssel legen, mit einem sauberen Handtuch abdecken und an einem warmen Ort etwa 1 Stunde gehen lassen.

3 Den Backofen auf 200 °C vorheizen. Den Teig aus der Schüssel nehmen, flach klopfen und mit gebutterten Fingern in die Form drücken. Die Form abdecken und den Teig noch einmal 35 Minuten gehen lassen. Sie können aus diesem Teig übrigens auch Pizza machen – das Rezept reicht für 4 Stück.

4 Ersetzen Sie die Hälfte der Flüssigkeit durch Milch und geben einige Esslöffel Zucker hinzu, eine Handvoll Trockenfrüchte, einige Teelöffel Zimt und eine Mischung aus Koriander, Piment, Muskat, Ingwer und Nelken, so haben Sie die Zutaten für ein Früchtebrot. Ersetzen Sie die Hälfte des Mehls durch Vollkornmehl, haben Sie ein etwas sättigenderes Brot. Statt den Teig in Laibform zu backen, können Sie ihn auch anders formen und auf dem gebutterten Backblech gehen lassen.

Backofentemperatur-Test

Ist die Temperaturanzeige Ihres Ofens ungenau, streuen Sie etwas Mehl auf ein Backblech, schieben Sie dieses in den Ofen und warten Sie 5 Minuten. Ist das Mehl dann dunkelbraun, ist der Ofen heiß genug, um darin Brot zu backen. Ist es hellbraun, kann man Kuchen backen. Ist das Mehl noch hell, hat der Backofen eine Temperatur unter 140 °C, ist es hellbraun, liegt sie bei 180 °C und ist es dunkelbraun, hat der Ofen etwa 220 °C erreicht.

Eingemachtes und Gewürze

Ich koche alle möglichen Konfitüren und Gelees und habe immer einige Gläser Kirschen, Aprikosen in Weinbrand und Piccalilli im Vorratsregal. Ich röste und mahle kleine Mengen an Gewürzen und bewahre getrocknete Kräuter in alten Marmeladengläsern auf.

Quittenbäume

Als Eva Adam mit einer köstlichen Frucht verführt hat, könnte es auch eine Quitte gewesen sein, eine goldene, birnenförmige Frucht, bedeckt mit weichem Flaum und stark duftend – eine einzige Quitte kann einen Raum mit ihrem Duft erfüllen. Obwohl die Frucht so gut aussieht, ist sie hart und holzig und muss zuerst gewaschen, geschält, geviertelt, etwas gezuckert und mit Wasser benetzt sanft gedünstet werden, bevor sie ihren delikaten Nektar freisetzt – köstlich übrigens mit geschlagener Sahne.

Katalanen machen Likör daraus, im Mittleren Osten serviert man Quitten – gefüllt mit Gewürzen und Gehacktem – als herzhaftes Gericht.

Quittengelee

Nichts schmeckt so wie mein Quittengelee – einfach himmlisch.

Ergibt 1 Glas

Genug Quitten vierteln, um eine Auflaufform damit zu füllen. Mit etwas Zucker bestreuen und etwas Wasser zugeben. Etwa 1 Stunde backen, bis die Quitten weich sind. Form herausnehmen, Quitten in einen Topf geben, mit Wasser bedecken und aufkochen. Dann den Topf vom Herd nehmen und die Quitten durch ein Sieb passieren. Flüssigkeit abmessen und eine Tasse Kristallzucker und den Saft einer halben Zitrone zugeben. Die Flüssigkeit aufkochen. So lange kochen, bis der Gelierpunkt erreicht ist. Topf vom Herd nehmen, das Gelee in das Glas füllen und verschließen. Quittengelee schmeckt wunderbar auf Croissants oder frischem Toast mit Butter.

Eingelegte Feigen

Ein Familienrezept für in Sirup eingelegte Feigen.

Ergibt 1 Glas

Etwa 500 g Feigen schälen, dabei nur die dünne Außenhaut entfernen. Über Nacht in eine Lösung aus 2 Esslöffeln Natron und 3 Litern Wasser legen. Am nächsten Tag abgießen. 800 g Kristallzucker, den Saft einer Zitrone und 1 Liter Wasser in einem Topf mit den geschälten Feigen aufkochen. Köcheln, bis die Feigen hell aussehen und mit Sirup bedeckt sind. In das vorbereitete Glas füllen und mit Sirup bedecken. Verschließen. Dazu schmecken Croissants – aber auch pur ein Genuss.

Gewürze rösten

Normalerweise werden Gewürze im Ganzen aufbewahrt, damit ihr Aroma nicht verfliegt. Bevor Sie Gewürze verwenden, sollten Sie diese bei mittlerer Hitze in einer Pfanne rösten. Auf diese Weise wird das Aroma verstärkt. Sie benötigen weder Wasser noch Öl, die Gewürze werden trocken geröstet.
Sie sollten stets ein Auge auf sie haben, da sie schnell anbrennen. Lassen Sie zuerst die Pfanne heiß werden, dann geben Sie Gewürze, Beeren oder Samen hinein. Nach einigen Minuten die Pfanne schütteln, kurze Zeit später sollte Ihnen das Aroma in die Nase steigen und die Gewürze in der Pfanne knistern und knacken.
Die Gewürze aus der Pfanne in eine Mühle geben – ich selbst arbeite mit Mörser und Stößel, beides hat mir meine Mutter vor gut 30 Jahren geschenkt. Sind die Gewürze abgekühlt, geben Sie diese ins Essen oder bewahren sie auf. Sie halten sich einige Wochen.

Kandierter Ingwer

Von 250 Gramm Ingwer die Schale entfernen und den Ingwer grob würfeln. Ingwer in einen Topf geben, mit Wasser bedecken und weich dünsten. Abwiegen und eine Tasse Zucker auf eine Tasse Ingwer zugeben. Aufkochen und rühren, bis sich der Zucker aufgelöst hat. Die Temperatur reduzieren, aber so lange köcheln, bis der Ingwer glasig aussieht. Weiterköcheln, bis der Sirup reduziert und der Ingwer fast trocken ist. Vorsicht: Es kann schnell anbrennen. Den Topf vom Herd nehmen und den Ingwer in eine Schüssel mit Zucker geben – die Stückchen sollten vollständig mit Zucker bedeckt sein. Im Zucker abkühlen lassen, dann essen oder in ein Glas füllen.

Ingwer in Sirup

Große Stücke eingelegten Ingwers kann man klein schneiden, um Vanilleeis einen leicht tropischen Touch zu geben. Gut schmeckt der Ingwer mit geschlagener Sahne oder als Füllung für Baisers.

250 g frischer Ingwer
500 ml Wasser
250 g Kristallzucker

1 Ingwer schälen und ihn in daumengroße Stücke schneiden.

2 Wasser und Ingwer in einen Topf geben und aufkochen. 2 Stunden köcheln lassen, dann zum Abkühlen beiseitestellen. Ingwer braucht einige Zeit, um weich zu werden.

3 Zucker in den Topf geben und das Ganze bei schwacher Hitze rühren, bis der Zucker sich aufgelöst hat.

4 Gläser in kochendem Wasser sterilisieren, dann mit Ingwer und Sirup füllen. Verschließen.

Ingwer bei Reiseübelkeit

Eine Reise, so heißt es, beginnt mit einem einzigen Schritt. Die Reisen meiner Großmutter begannen stets, wenn sie eine kleine braune Papiertüte mit selbst kandiertem Ingwer füllte und in ihre Handtasche packte. Es half ihr bei Übelkeit auf Reisen.

Trinken Sie eine Tasse Ingwertee oder essen Sie ein wenig kandierten Ingwer, wenn Ihnen übel ist, und wenn Sie auf Reisen damit Probleme haben, füllen Sie eine Flasche mit Ingwertee, bevor es losgeht. Das hilft Ihnen unterwegs.

Ingwer schälen

Versuchen Sie gar nicht erst, Ingwer mit einem Messer zu schälen, schaben Sie die Schale ab, wie man es auch bei Möhren macht.

Ingwer in Schokolade

Große Stücke selbst eingelegten Ingwers abtropfen lassen und dann in geschmolzene dunkle Schokolade tauchen. Auf Backpapier trocknen lassen, dann in Trüffel-Papierförmchen legen und als Dessert kredenzen.

Ingwer-Honig-Tee

Ein exotisches Heißgetränk, das den Geist belebt und die Nerven kräftigt.

Legen Sie eine Scheibe Ingwer in die Tasse, gießen Sie kochendes Wasser darauf und lassen Sie den Tee 5 Minuten ziehen. Honig zugeben und einfach nur genießen.

Kenianischer Tee

Halb Milch, halb Wasser in einen kleinen Topf gießen. Teeblätter hineinlegen und aufkochen. Einige Scheiben Ingwer zufügen und nach Geschmack süßen. Einige Minuten köcheln lassen, dann in Tassen gießen.

Zitronen-Passionsfrucht-Aufstrich

Ergibt 1 Glas

- 1 große oder 2 kleine Passionsfrüchte
- Schale und Saft von 2 Zitronen
- 250 g Zucker
- 150 g Butter
- 2 große Eier

Alle Zutaten in einer großen Schüssel über dem Wasserbad rühren, bis die Früchte zu einer Sauce zerfallen. In das Glas füllen und verschließen. Im Kühlschrank aufbewahren.

Variationen

Bananenaufstrich

- 4 sehr reife, zerdrückte Bananen
- 250 g Zucker
- 150 g Butter
- 2 große Eier

Apfelaufstrich

- 2 Tassen Apfelmus
- 250 g Zucker
- 150 g Butter
- 2 große Eier

Aprikosenchutney

Ergibt 4 Gläser

500 g getrocknete Aprikosen
2 TL Garam Masala
1 TL Currypulver
250 g feiner brauner Zucker
500 ml Malzessig
1 TL geriebener frischer Ingwer (oder gemahlener Ingwer)
2 TL Salz
100 g Sultaninen
½ TL Pfefferkörner

Aprikosen über Nacht in 600 Millilitern Wasser einweichen. Am nächsten Tag eingeweichte Aprikosen und Einweichwasser in einen Topf geben, alle anderen Zutaten zufügen und aufkochen lassen. Dann bei mittlerer Hitze 30 Minuten köcheln, in Gläser füllen und verschließen.

Mango-Chutney

Ich mache immer große Mengen, reduzieren Sie sie einfach.

Etwa 3 Dutzend Mangos schälen, entsteinen und hacken. 110 Gramm grünen Ingwer, 50 Gramm Knoblauch und 225 Gramm rote Chilis ebenfalls hacken. 290 Gramm Zucker und 110 Gramm Salz in 1,8 Litern Essig auflösen, aufkochen und abkühlen lassen. Essig über die vorbereiteten Zutaten gießen und zugedeckt 3–4 Tage in der Sonne stehen lassen, dann in Gläser füllen und im Kühlschrank aufbewahren. Eine Woche durchziehen lassen.

Eingelegte Zwiebeln

Ergibt 4 Gläser

1 kg Zwiebeln
Pfefferkörner
Lorbeerblätter
500 ml Apfelessig
2 TL Einleggewürz
100 g Zucker
40 g Salz

Zwiebeln schälen und in saubere Gläser füllen. In jedes Glas ein Lorbeerblatt und einige Pfefferkörner legen. Essig, Einleggewürz, Zucker und Salz in einem Topf aufkochen. Die Flüssigkeit über die Zwiebeln gießen. Wer es scharf mag, gibt Chilis dazu. Gläser verschließen und vor dem Verzehr zwei Wochen durchziehen lassen.

Chilisauce

Ergibt 1 Flasche

150 g frische Chilis
200 g Zwiebeln, geschält und gehackt
1 Kochapfel, geschält und gehackt
1 TL Senfpulver
1 TL Meersalz
200 ml Apfelessig

Alle Zutaten in einem Topf sanft köcheln, bis alles zerfallen ist. Die Masse durch ein Sieb passieren und in die Flasche füllen. Verschließen und eine Woche vor dem Verzehr durchziehen lassen. Vorsicht! Die Sauce ist sehr scharf.

Mispeln

Mispeln sind Heckenfrüchte, die ergiebig wachsen, allerdings sind sie in der Natur schwer zu finden. Sie sind die letzten Früchte des Herbstes, die geerntet werden.

Mispelbonbons

Das Gelee kann in eine flache Auflaufform gegossen und dann in Quadrate geschnitten werden, aber traditionell wird gekochter Sirup zum Festwerden in Formen gegossen.

Geben Sie 2 Kilogramm frostgereifte Mispeln in einen Topf, bedecken Sie die Früchte mit kaltem Wasser und lassen Sie das Ganze aufkochen. Sanft köcheln, bis die Mispeln mit einer Gabel zerdrückt werden können. Den Topf vom Herd nehmen und durch ein Sieb passieren, das Fruchtfleisch dabei richtig gut drücken. Den Fruchtbrei abmessen und in einen sauberen Topf geben, auf jede Tasse Brei eine Tasse Zucker und 1 Spritzer Zitronensaft zugeben. Wer mag, gibt 1 Prise Piment hinzu. Aufkochen und rühren, so lange sprudelnd kochen, bis der Gelierpunkt erreicht ist. Dann in die feuchten Formen gießen und fest werden lassen.

Mispelhonig

Ergibt 1–2 Gläser

2 kg Mispeln
1 kg Kristallzucker

Mispeln vierteln und in einem großen Topf mit 1 Liter Wasser aufkochen. So lange sanft köcheln, bis die Mispeln so weich sind, dass man sie zerdrücken kann. Den Topf vom Herd nehmen und die Mispeln abkühlen lassen. Dann durch ein mit Mull ausgelegtes Sieb passieren, dabei darauf achten, dass so viel Flüssigkeit wie möglich herausgedrückt wird. Das Ganze wieder in einen großen Topf geben und auf eine Tasse Flüssigkeit eine Tasse Zucker zugeben. Langsam aufkochen und dabei ständig rühren. 30 Minuten kochen lassen, dann einen kleinen Löffel von der Masse in Eiswasser geben – bleibt die Masse in sich zusammen, ist sie fertig. In die vorbereiteten Gläser füllen und verschließen. Im Kühlschrank aufbewahren.

Mispelgelee

Ergibt 1–2 Gläser

2 kg frostgereifte Mispeln
500 ml Wasser
Saft von ½ Zitrone

Mispeln und Wasser in einem Topf so lange köcheln, bis die Mispeln weich und musig sind, dann durch ein mit Mull ausgelegtes Sieb passieren. Saft abmessen und in den Topf gießen. Auf jede Tasse Saft eine Tasse Zucker zugeben. Zitronensaft zugeben und aufkochen lassen, dabei ständig rühren. Etwa 20 Minuten köcheln, dann die Gelierprobe machen (*s. S. 120*). Ist das Gelee fertig, in die Gläser füllen und verschließen.

Herbstboviste

Boviste sind weiße, leuchtende Kugeln im Gras und leicht zu finden. Ernten Sie nur solche, die wirklich gesund aussehen. Braten Sie die Scheiben in etwas Olivenöl oder mit Eiern und Tomaten, oder würfeln Sie die Pilze ins Risotto.

Pilze richtig trocknen

Wenn Sie eine Menge interessanter Pilze geerntet haben, können Sie diese auch trocknen. Ziehen Sie die Pilze dafür auf eine Schnur und hängen Sie diese über einen Küchenofen (oder trocknen Sie diese im Backofen). Sind sie richtig trocken, können sie in einem Glas aufbewahrt werden.

Pilzketchup

Ergibt 1 Liter

2 kg großhütige Pilze, in Scheiben geschnitten
50 g Salz
1 Zwiebel, in Scheiben geschnitten
600 ml weißer Essig
1 TL gemahlener Piment
1 gute Pr Muskatblüte
Fein gehackte Ingwerwurzel (ca. 1 cm)

Pilze in eine Schüssel abgedeckt 2 Tage kalt stellen. Dann in einem Topf mit den anderen Zutaten aufkochen und anschließend 30 Minuten sanft köcheln. Durch ein Sieb gießen, in die Flasche füllen und verschließen. Im Kühlschrank aufbewahren oder in kleinen Gefrierdosen einfrieren.

Im Herbstgarten

Blumentöpfe als Vorbereitung auf den Frühling gründlich säubern und den Garten insgesamt aufräumen. Haben Sie gesprungene Töpfe, setzen Sie diese zur Hälfte in die Erde und lassen Sie eine Öffnung, damit sich Frösche und Kröten darin verstecken können.

Marienkäfer-Häuschen

Schneiden Sie Bambusstangen in 15 Zentimeter lange Stücke, binden Sie sie mit Schnur zusammen und klemmen Sie die Bündel in trockene Ecken Ihres Gartens. Darin verkriechen sich Marienkäfer und andere Insekten in den Wintermonaten.

Vogelkästen

Reinigen Sie Vogelhäuschen und Nistkästen. Mit Handschuhen bekleidet entfernen Sie die Nistmaterialien und waschen die Häuser anschließend mit warmen Essigwasser, dem einige Seifenflocken zugefügt werden, ab.

Komposthaufen

Damit er etwas bringt, muss der Komposthaufen schon 1 Quadratmeter groß sein. Grün- und Küchenabfälle werden so weit erwärmt, dass Bakterien und Erdwürmer sie in wunderbar süßlich riechenden Kompost verwandeln. Nehmen Sie eine leicht zugängliche Stelle in Ihrem Garten, die nicht gerade voll einsehbar ist. Ich habe eine Mischung aus hübscher Kapuzinerkresse und Gemeiner Ochsenzunge hier gepflanzt; dazwischen etwas Nützliches wie Beinwell und Kürbis.

Zwiebeln für die Winterblüte

Jedes Jahr im Herbst ist die Zeit, um Frühlingszwiebeln auf die Blüte vorzubereiten und einzupflanzen. Kaufen Sie rechtzeitig gesunde Zwiebeln, legen Sie diese in braune Papierbeutel und bewahren Sie sie 12 Wochen im Gemüsefach des Kühlschranks bei einer Temperatur von 2 bis 9 °C auf. Die Zwiebeln „glauben", es sein Winter, und wenn sie dann herausgenommen werden, reagieren sie, als wäre es Frühling. Setzen Sie die Zwiebeln in Töpfe mit guter Pflanzerde, die Spitzen der Zwiebeln ragen aus der Erde heraus. Gut wässern und an einer warmen Stelle platzieren, idealerweise bei 10–15 °C. Der Boden darf nicht austrocknen. Sprießen die ersten Blätter, können Sie die Töpfe in Ihrem Zuhause aufstellen, möglichst warm und hell. Vom Pflanzen bis zum Wachsen dauert es meist 10 Wochen, denken Sie also rechtzeitig daran, wenn Sie im Winter das Frühjahr ins Haus holen möchten.

Holzbündel und Tannenzapfen

Sammeln Sie auf Ihren Herbstspaziergängen kleine Zweige, Tannenzapfen und Stöcke. Binden Sie Zweige und Stöcke zusammen und bewahren Sie diese mit den Tannenzapfen im trockenen Schuppen auf. Im Winter können sie als Kaminanzünder genutzt werden.

Gartenarbeiten im Herbst

Wenn Sie ein Blumenzwiebel-Pflanzgerät nutzen, versuchen Sie nicht, die Erde mit der Hand herauszuholen. Sie fällt von allein heraus, weil die Geräte einen Auswurfmechanismus besitzen.

Pflanzen Sie Rhabarber und teilen Sie alte und zu große Pflanzen.

Räumen Sie auf, säubern Sie den Teich.

Ernten Sie das Kürbisgemüse.

Kaufen Sie Herbstalpenveilchen und pflanzen Sie diese in den Garten.

Ein Arrangement aus farbenfrohen Herbstblättern in einer großen Vase bringt etwas Herbstglanz ins Haus.

Beschneiden Sie rankende und kletternde Pflanzen, schneiden Sie alle unordentlichen Triebe unten ab und binden Sie neue Triebe fest. Seitentriebe, die die Form der Kletterpflanzen stören, schneiden Sie ebenfalls ab.

Hausmittel

Mit einer Mischung aus Kräutern und altem Wissen brachten unsere Großmütter ihre Familien gesund durch den Winter. Eine gute Ernährung mit frischem Obst und Gemüse, Hygiene und ein warmes Haus unterstützten die Bekämpfung der Infektion.

Lippenbalsam

2 EL Mandelöl
1 TL Bienenwachs
1 Vitamin-E-Kapsel

Alle Zutaten bei schwacher Hitze schmelzen, dann in einem kleinen Salbentopf fest werden lassen.

Suppe gegen Wurmerkrankungen

Einen Butternut-Kürbis waschen und hacken. In einem Topf mit Wasser aufkochen und köcheln lassen, bis der Kürbis weich ist. Den Topf vom Herd nehmen. Kürbis und Kochflüssigkeit in eine Küchenmaschine geben und zu einer glatten Mischung mixen. Salz, Pfeffer und etwas Brühe zugeben, sollte die Mischung zu dick sein. Essen Sie 7 Tage lang täglich eine Schale Suppe und die Würmer verschwinden.

Honig-Thymian-Hustensaft

Kochen Sie 1 Zweig frischen Thymian mit einer Tasse Wasser auf. Sofort vom Herd nehmen und abkühlen lassen. In eine saubere Tasse abgießen und mit Honig süßen. Den Tag über davon trinken. Der Saft hilft bei Reizhusten.

Holundertonikum

Nehmen Sie täglich oder gelegentlich davon etwas ein, es lindert die Symptome von Erkältung, Husten, Fieber und Bronchialbeschwerden.

Pflücken Sie im Spätsommer reife Beeren. Kalt abspülen, verlesen, schlechte Beeren aussortieren. Beeren in einem Topf mit Wasser aufkochen. Zugedeckt 30 Minuten sanft köcheln lassen, gegebenenfalls etwas Wasser zugeben. Die Holunderbeeren sollten stets gut bedeckt sein. Anschließend mit einem Kartoffelstampfer zerstampfen.

Durch ein mit Mull ausgelegtes Sieb passieren, dabei so viel Flüssigkeit wie möglich aus den Beeren pressen. Flüssigkeit abmessen und in einen Topf geben. Auf jede Tasse Saft eine Tasse Zucker zugeben. Langsam unter Rühren aufkochen, weiter mit einem Holzlöffel rühren, bis der Zucker sich aufgelöst hat. 5 Minuten kochen, dann in saubere Flaschen abfüllen und verschließen.

Holunderbeertonikum hat ein kräftiges Aroma, geben Sie etwa 1 Esslöffel auf eine Tasse kochendes Wasser.

Das Tonikum kann auch als Cassis genutzt werden – geben Sie 1 Teelöffel in ein Glas Weißwein.

Zwiebel-Honig-Hustensirup

Ein südafrikanisches Mittel. Eine Zwiebel hacken und in einer Schüssel mit Honig bedecken. In den Kühlschrank stellen. Nach 24 Stunden davon einen Teelöffel als Hustensaft einnehmen. Viele schwören auf diesen Hustensaft.

Tipps zum Gesundbleiben

Ein Apfel am Tag hält den Arzt fern.

Versuchen Sie jeden Tag einen Löffel guten Honigs aus der Region einzunehmen, um den Symptomen des Heuschnupfens im Frühjahr vorzubeugen.

Träufeln Sie einige Tropfen Olbasöl (eine Mischung verschiedener ätherischer Öle) auf das Kopfkissen, um Schnupfenbeschwerden zu lindern.

Senffußbad

Verbessert die Blutzirkulation und lindert Kopfschmerzen.

Geben Sie 2 Esslöffel Senfsamen in einen Mörser und zerkleinen Sie diese mit dem Stößel. Dies geben Sie in eine Schüssel mit heißem Wasser. Wenn die Temperatur angenehm ist, die Füße ins Wasser stellen, sich zurücklehnen und entspannen. Ist das Wasser kalt geworden, die Füße abtrocknen und weitere 20 Minuten entspannen.

Knoblauch hält gesund

Essen Sie im Winter reichlich Knoblauch – er verbessert die Blutzirkulation und unterstützt die Immunabwehr darin, Viren zu bekämpfen.

Gurgelmittel aus Eukalyptus

Legen Sie 3 oder 4 Eukalyptusblätter in 250 Milliliter kochendes Wasser, 10 Minuten ziehen lassen und dann in eine Tasse abgießen. Gurgeln Sie damit bei Halsschmerzen und Entzündungen im Mund.

Zitronen-Honig-Eislollies

Angenehm für Erwachsene und Kinder, die Halsschmerzen haben. Wenn ich Bienen besäße, würde ich diese Lollies zubereiten und dann einfrieren. Nehmen Sie einen guten Honig aus der Region. Ich gebe meist noch 20 Tropfen Echinacea hinzu, um die heilende Wirkung zu verstärken.

Ergibt 6 Lollys

Den Saft von 2 Zitronen in 2 Tassen warmes Wasser rühren und eine halbe Tasse Honig zugeben. Rühren, bis der Honig sich auflöst. In Eislollyformen gießen und einfrieren.

Ingwerbad

Gegen Steifheit der Gelenke und Rheumaschmerz.

Ein Stück Ingwer in dünnen Scheiben in 1 Liter Wasser aufkochen. 15 Minuten köcheln lassen, dann ins Badewasser geben.

Kohlblätter

Für stillende Mütter.

Stillende Mütter können sich Kohlblätter auf die Brüste legen, dies hilft bei schmerzenden Brustwarzen, der Milchfluss verbessert sich und auch bei Brustdrüsenentzündung und menstruellen Brustschmerzen gibt es Linderung. Zerreißen Sie ganz normale Kohlblätter und legen Sie diese in den BH.

Fenchelsamentinktur

Gut für müde Augen.

Weichen Sie 1 Teelöffel Fenchelsamen 5 Minuten in 125 Millilitern kochendem Wasser ein. Danach abgießen und die Flüssigkeit abkühlen lassen. 2 Wattepads darin eintauchen, leicht auswringen und jeweils einen Pad auf ein Auge legen; sich hinlegen und 10 Minuten entspannen.

Zitronenmelissentee

Geben Sie einige Zitronenmelisseblätter in eine Tasse mit kochendem Wasser. Schlückchenweise bei fiebriger Erkältung trinken.

WINTER

Winter – das sind duftende Tannennadeln, Glockenklänge, warme Kaminfeuer, Teekannen, dunkler Rotwein, vergoldetes Obst und Nüsse, leckerer Lebkuchen. Unsere Vorfahren zelebrierten die Wintersonnenwende; wir modernen Menschen feiern Weihnachten und Neujahr. Wir essen Dinge, die damals für die meisten Menschen ein unerschwinglicher Luxus gewesen wären. Doch das Wichtigste sind die Familientraditionen, die weitergegeben werden und still im Herzen eines jeden Hauses ruhen.

Wintersonnenwende im Garten

Heutige Gärten werden oft mit Exoten statt mit einheimischen Pflanzen bepflanzt, die den Vögeln keine Nahrung mehr bieten. Sie können den Vögeln in Sichtweite etwas zum Picken aufhängen.

Vogelschlemmerei

Machen Sie ein kleines Loch in einen leeren, sauberen Joghurtbecher und ziehen Sie eine Schnur mit einer Schlaufe oben hindurch.

Geben Sie Vollkornbrotkrümel, ungesalzene, zerkleinerte Nüsse, Rosinen und geriebene Äpfel in eine Schüssel. Gießen Sie zerlassenen Schmalz dazu und mischen Sie das Ganze zu einem klebrigen Teig; diesen pressen Sie in Joghurtbecher. Ist die Masse fest, entfernen Sie den Joghurtbecher und hängen den Vogelkuchen so an die Zweige, dass Katzen nicht dorthin gelangen können und Sie von drinnen einen Blick darauf haben.

Oder ziehen Sie Erdnüsse auf eine lange Schnur und schmücken Sie damit Gartenbäume. Dazu hängen Sie die Kuchen auf. Und dann können Sie den Vögeln beim Schlemmen zusehen.

Reinigungsmittel

Nehmen Sie eine Drahtbürste und Stahlwolle, um Rost von Werkzeugen oder Möbeln zu entfernen, und reiben Sie mit einem in Öl getränkten Lappen nach. Alle hölzernen Griffe leicht abschleifen und die Oberflächen mit Leinöl einreiben.

Eiskugeln für draußen

Ist der Boden gefroren, geben Sie Wasser in flache Schalen und einige rote Rosenblätter, buntes Herbstlaub oder Samenkapseln und Zweige hinzu. Lassen Sie das Ganze hart frieren und nehmen es dann heraus. Mit einer heißen Stricknadel machen Sie in jedes Teil ein Loch, um darin eine Zwirnschlaufe zu befestigen. Hängen Sie Ihre Eiskugeln an Baumzweige. Sie halten sich bis zum nächsten Tauwetter.

Potpourri

Als ich das erste Mal nach England kam, habe ich mich sofort in die hübschen Bauerngärten verliebt, in denen die Bienen summen, duftende Blumen und Kräuter wachsen, Blaumeisen und Rotkehlchen zu Hause sind. In meinen ersten Garten habe ich alle süß duftenden Dinge mit romantischen Namen gepflanzt: Aurikel, Kornblumen, Gewürznelken, wilde Stiefmütterchen, Himmelsschlüssel, Primeln, Muskatellersalbei und Honigmelonensalbei.

Mit einer Stricknadel Löcher in eine frische Orange stechen. In jedes Loch eine ganze Gewürznelke stecken und die Orange dann in etwas gemahlener Florentiner Schwertlilie wälzen, um sie haltbarer zu machen. Ein Band um die Orange binden und einige Monate an einem dunklen, luftigen Platz hängen. Die Orange wird austrocknen, der Duft bleibt aber länger erhalten.

Die Idee, diese Blumen und Blätter zu trocknen und sie in Potpourris zu arrangieren, um länger etwas von ihrem Duft zu haben, faszinierte mich. In meinem ersten Sommer hingen an den Balken meiner Küche Lavendel- und Rosensträuße – zusammen mit Mohnblumen, aus denen eines warmen Herbstnachmittags plötzlich auf mich eine reiche Ernte Samen herabregnete. Unmengen von Blütenblättern habe ich auf Trockenrahmen im Schuppen getrocknet.

Im ersten Winter mischte ich getrocknete Blätter und Blüten, Knospen und Gewürze mit Florentiner Schwertlilie und duftenden Holzschnitzeln zu Sommer-Potpourris. Ich füllte Stoff- und Samtbeutel und schnürte sie mit hübschen Bändern zu.

Wenn Sie Blätter und Blütenblätter trocknen, benötigen Sie für jede Sorte einen Trockenrahmen. Nageln Sie einfach Draht oder Stoff an einen Rahmen und streuen Sie in dünnen Schichten Blätter und Blüten darauf. Die Rahmen müssen an einem trockenen Ort stehen, wo die Luft zirkuliert. Sind Blätter und Blüten absolut trocken, können Sie diese in große Gläser mit Schraubdeckel füllen. Ich habe eine Schüssel mit roten Rosenblättern, Blütenblättern und Knospen aus dem Sommer gerettet, mit Gewürzen und Rosenöl versehen. Das Potpourri steht auf meinem Schminktisch.

Zitrus-Potpourri

- 1 Tasse Orangenschale
- 2 Tassen getr. Zitronenverbenenblätter
- 2 Tassen getr. gelbe Rosenblüten
- 2 Tassen getr. Ringelblumenblüten
- 1 EL gemahlene Florentiner Schwertlilienwurzel
- 2 TL gemahlener Zimt
- ½ Tasse Zimtstange

Weihnachts-Potpourri

- 4 Tassen getr. Rosenblüten
- 1 Tasse Orangenschale
- 1 Tasse Eukalyptusblätter
- 1 Tasse Zimtstange
- 2 EL getr. Nelken
- 6 Tropfen Zimtöl
- 6 Tropfen Bergamotteöl
- 2 EL gemahlene Florentiner Schwertlilienwurzel

Duftpulver

Je 25 Gramm Nelken, Muskatnuss, Zimt, Kümmelsamen und Tonkabohnen mahlen und 150 Gramm gemahlene Florentiner Schwertlilienwurzel zugeben. Das Duftpulver kann zu Potpourris gegeben werden.

Wolldecke selbst machen

In einer Ecke meines Arbeitszimmers steht mein „Wolldeckenkorb", wie ich ihn nenne. In ihn lege ich Wollknäuel, die ich als Sonderangebot oder im Ausverkauf in Wollläden kaufe. Manchmal bringt auch eine Freundin Resteknäuel vorbei oder ich trenne einen alten Pulli auf, wasche das Garn und mache daraus ein Knäuel, das dann in meinen Wolldeckenkorb kommt. Schließlich stricke ich die Wolldecke. Im Allgemeinen wähle ich ein einfaches Muster und stricke oder häkle ganz einfach Quadrate. Ich nehme dafür 40 Maschen auf und stricke 40 Reihen, entweder in einer Farbe oder in mehreren. Wenn ich anfange, eine Decke zu stricken, habe ich eine bestimmte Vorstellung im Kopf. Ich liebe das Gefühl, etwas Besonderes geleistet zu haben, wenn ich die Decke dann an ihren Platz lege.

Dunkle Tage

Man muss sich auf die dunklen Wintertage vorbereiten. Bei mir sind das einige heimliche Naschereien – vor allem Ingwer und Schoko-Hafer-Kekse, ein Früchtekuchen und im Tiefgefrierschrank Himbeeren aus dem Sommer, für besondere Tage.

Flickenteppich

Für einen Flickenteppich brauchen Sie nicht viel, einen Haken, der nicht viel kostet, und jede Menge Stoffstreifen, die Sie aus alter Kleidung und altem Leinen zugeschnitten haben. Dazu kommt Jute, eine bisschen Vorstellungskraft und Zeit – und natürlich einen Korb zum Aufbewahren.

Einen Flickenteppich herzustellen, ist eine Geduldsarbeit. Erst müssen Sie Stoff sammeln. Sie können in Ramschläden umherstreifen und nach alten Hemden suchen oder aufgebrauchte Sommerkleidung verwenden oder abgenutzte Laken. Wenn Sie einen Haufen Stoff zusammen haben, wird er in 4 Zentimeter breite Streifen gerissen und mit dem Muster nach außen gefaltet. Dann wird das Ganze in handhabbare Bälle oder Knäuel gerollt.

Bevor es losgeht, üben Sie den Umgang mit dem Haken. Arbeiten Sie gleichmäßig, die Schlaufen sollten die gleiche Größe haben und eng aneinandersitzen, damit eine glatte Oberfläche entsteht. Beginnen Sie mit dem Design an einem regnerischen oder verschneiten Januartag und übertragen Sie mit einem Permanentmarker Ihre Idee auf ein großes Stück Jute. Und schon kann es losgehen. Sie werden viele Stunden mit dem Haken in der Hand Spaß daran haben, das vorbereitete Garn durch die Jute zu stoßen und zu schlingen.

Brennholz

Machen Sie sich auf die Suche nach einem guten Holzlieferanten und sprechen Sie mit ihm, sagen Sie ihm ganz genau, was Sie mit dem Holz vorhaben. Wollen Sie Holz verbrennen, weil Sie es warm haben möchten oder möchten Sie auf Holz kochen? Soll das Feuer die ganze Nacht brennen oder ist ein Feuer für Sie nur eine gelegentliche Sache an einem regnerischen Sonntagnachmittag? Ein guter Holzhändler wird Ihnen genau das Richtige liefern. Mein Händler bringt mir Hartholz, das lange und langsam brennt, Apfel und Eiche für ein Feuer am regnerischen Samstag und kleine Weichholzscheite, manchmal sogar Weide, um das Feuer in Gang zu setzen, oder Brennmaterial, das schnell brennt und heiß wird. Manchmal ließ er mir sogar einige große Klötze da, die ich selbst hacken konnte, wenn ich mich austoben wollte.

Flickarbeiten und Reparaturen

Einst besaß jede Frau einen Flickkorb. Man hat angenehme Stunden damit zugebracht, Zerrissenes mit feinen Stichen zusammenzunähen oder Löcher zu stopfen. Ein Flickkorb ist bei mir ein absolutes Muss. Darin verwahre ich Nadeln, Garn und Knöpfe.

Flicken

Legen Sie alles, was Sie brauchen, in einen Korb und genießen Sie die regelmäßigen Stunden, in denen Sie Knöpfe annähen, Säume ausbessern oder andere kleinere Reparaturen ausführen. Pflegen Sie die Teile, die Sie gern tragen, sie halten länger.

Altmodisches

Die Vorliebe für Altes bedeutet zusätzliche Pflege für alte Stoffe, feine Spitze oder Leinen. Schon eine Reihe neuer Knöpfe oder eine Bordüre verleihen den Dingen neues Leben.

Handtaschen und Geldbeutel

Überprüfen Sie regelmäßig Ihre Handtaschen und Geldbeutel, schütteln Sie sie aus und entstauben sie, beseitigen Sie Flecken oder andere Spuren. Handtaschenspiegel reinigen Sie mit einem weichen Lappen und etwas Essiglösung. Reiben Sie Leder mit etwas Olivenöl ein und polieren Sie Metallbügel. Ist alles in Ordnung, legen Sie Handtaschen und Geldbeutel wieder in den Schrank.

Schuhe

Sind Schuhe nass, trocknen Sie diese nicht direkt an einer Wärmequelle. Stopfen Sie Zeitungspapier hinein, damit sie in Form bleiben.

Lassen Sie Schuhe rechtzeitig vom Schuhmacher neu besohlen.

Damit Schuhe gut duften, stecken Sie nach dem Tragen kleine Beutel mit Natron hinein. Streuen Sie Natron in die Schuhe, sind nach 24 Stunden schlechte Gerüche verflogen.

Lederschuhe und -taschen: Mit einem feuchten Tuch Staub und Schmutz entfernen, trocken reiben und danach mit etwas Vaseline auf einem weichen Lappen einreiben.

Stoffschuhe: Leicht mit einem weichen Borstenpinsel abbürsten, dann Flecken mit einem Schwamm entfernen.

Reinigen Sie Lederschuhe mit entsprechenden Lederreinigern, danach glänzen sie wieder.

Abgewetzte Lederschuhe sollten mit einem Stück roher Kartoffel abgerieben werden, bevor man sie poliert.

Die Sohlen von glatten Schuhen mit Sandpapier aufrauhen.

Newey
RUST PROOF
INSERT NEEDLE THROUGH GUIDE HOLE TO ALIGN
J.&P. COATS
HOOKS AND EYES.

Alles über Eierteig

Eierspeisen sind eine absolut britische Tradition – süß mit Zucker oder Obst oder herzhaft mit Fleisch. Doch der Teig ist derselbe, manchmal mit Sahne oder zerlassener Butter verfeinert, manchmal ergänzt mit verwässerter Milch.

Den richtigen Teig zu entdecken, war wie eine Erleuchtung für mich. Klar, ich habe immer Pfannkuchen gemacht, aber den Teig nie sonderlich beachtet. Als meine älteste Tochter 16 war und in der Schule im Catering arbeitete, weihte sie mich in ein Geheimnis ein. Ich war nie besonders gut in der Zubereitung von Yorkshire Pudding; ich bemühte mich beharrlich, aber sie wurden nie so gut, wie ich sie gern gehabt hätte. All das änderte sich durch einen einzigen Telefonanruf. Und das sagte meine Tochter mir: „Mutti, es ist ganz einfach. Nimm halb Wasser, halb Milch. Dann muss der Teig 30 Minuten bei Zimmertemperatur ruhen. Die Pfannen dürfen nur mit Öl gefettet werden, nicht mit Butter. Und es muss genug Öl drin sein, dass sich der Teig bewegen kann. Die Pfanne muss so heiß sein, dass das Öl raucht, damit der Teig sofort gart, wenn er hineinkommt. Yorkshire Pudding, Pfannkuchen, Apfelspeise – alle werden praktisch aus ein und demselben Teig zubereitet!"

Teigmischung

Verrühren Sie 150 Milliliter Milch und 150 Milliliter Wasser, 2 Eier, 125 Gramm Weizenmehl und eine gute Prise Salz. Ist der Teig klümpchenfrei, 20 Minuten ruhen lassen.

Kleine Yorkshire-Puddings

Die Teigmenge reicht für einen großen Pudding (Form 20 x 30 cm) oder 18 kleine. Ich mag die kleinen lieber.

Den Teig anrühren. Öl in die Förmchen, ein Muffinbackblech oder Backformen gießen und auf dem Rost im Backofen erhitzen. Beginnt das Öl zu rauchen, Teig in jede Form geben. Auf der mittleren Einschubleiste im heißen Backofen 20–25 Minuten backen. Sofort servieren mit reichlich guter Sauce und gebratenem Rind, Brathähnchen, gerösteten Nüssen, geröstetem Gemüse, gebratenem Schweinefleisch – eigentlich alles gebraten und geröstet! Früher servierte die Mutter meines Vaters frisch gebackenen, knusprigen Eierkuchen mit reichlich Zuckerrübensirup – als sättigende Süßigkeit für ihre Kinder.

Toad in the Hole („Kröte im Loch") mit Zwiebelsauce

2 Portionen

1 Den Teig anrühren *(s. l.)*.

2 Den Backofen auf 190 °C vorheizen.

3 6 gute Bratwürste mit 4 Esslöffeln Oliven- oder Sonnenblumenöl in eine Auflaufform (20 x 30 cm) geben und 15 Minuten im Ofen garen. Die Temperatur für 5 Minuten auf 200 °C stellen, dann die Form schnell herausnehmen, die Würste herausnehmen und für 1 Minute auf einen Teller legen. Die Teigmischung in das rauchende Öl gießen und die Würste darin verteilen. Wieder in den Ofen schieben und etwa 25 Minuten backen. Nach 15 Minuten die Temperatur auf 180 °C stellen. Dazu Kartoffelbrei und Zwiebelsauce reichen.

Zwiebelsauce

Eine große, in Scheiben geschnittene Zwiebel in einigen Esslöffeln Öl anbraten, dann herausnehmen. Einen Esslöffel Mehl in die Pfanne geben und mit dem Öl zu einer glatten Mischung verrühren. 1–2 Minuten unter Rühren kochen, dann 250 Milliliter Gemüse- oder Rinderbrühe und einige Tropfen Sojasauce zugießen. Rühren, bis die Masse Blasen bildet und wie eine Sauce aussieht. Die Zwiebeln einrühren. Einfach über Toad in the Hole gießen oder in einem Krug dazureichen.

Apfelspeise

Den Backofen auf 200 °C vorheizen. 150 Milliliter Milch, 150 Milliliter Wasser, 3 Esslöffel Zucker, 2 Eier, 125 Gramm Weizenmehl und eine gute Prise Salz verrühren. 500 Gramm Kochäpfel schälen und klein schneiden, mit Zimt-Zucker bestreuen und 10–15 Minuten backen. Aus dem Ofen nehmen, in den Teig 3 Esslöffel zerlassene Butter rühren und das Ganze über die Äpfel gießen. Wieder in den Backofen stellen und 15 Minuten backen, weitere 10 Minuten bei 180 °C. Mit Zucker bestreuen und servieren.

Kirschspeise aus Kent

Den Backofen auf 200 °C vorheizen. Den Teig anrühren *(s. S. 144)*, 3 Esslöffel feinen Zucker und 25 Gramm zerlassene Butter unterrühren, dann 1 große Handvoll entsteinter Kirschen unterheben und den Teig in eine vorgeheizte Auflaufform geben, die 50 Gramm sehr heiße, zerlassene Butter enthält. 15 Minuten im Ofen backen, dann die Temperatur auf 180 °C reduzieren und weitere 10 Minuten backen. Den Teig mit Zucker bestreuen und sofort servieren.

Wintergetränke

Bevor wir über Zentralheizung verfügten, wärmte uns innerlich wie äußerlich ein heißes Getränk vor einem glühenden Feuer. Als sie klein waren, liebten meine Kinder heißen Apfelsaft. Wassail ist ein traditioneller englischer Glühwein, der im Winter richtig gut wärmt.

Glühwein

2 Flaschen Rotwein
1 Apfel, in den 6 Nelken gesteckt sind
2 Zimtstangen
1 Flasche Apfelsaft

Alle Zutaten in einen Topf geben und bei schwacher Hitze langsam erwärmen.

Heißer Weißwein

Heißer Weißwein mit Birnenaroma ist etwas Besonderes. Ich liebe ihn.

1 Flasche Pinot Grigio
1 l Birnen- und Traubensaft
2 Zimtstangen
1 Zitronenscheibe mit 4 Nelken
1 Handvoll Birnenstückchen

Alle Zutaten in einen Topf geben und bei schwacher Hitze langsam erwärmen.

Wassail

Wassail zu trinken, kann ganz Unterschiedliches meinen. Im Dorf, in dem meine Kinder aufwuchsen, bedeutete es das Singen von Weihnachtsliedern und warm angezogen zwischen den verstreuten Häusern umherzulaufen, über frostige Wege hin zu den Türen – um dort zu singen und vielleicht mit etwas Glück 1 Glas Wassail zu bekommen. Für andere steht Wassail für Silvester, Feiern und Lagerfeuer, Zeiten, in denen man die Gemeinschaft genießt und Apfelbäume segnet, um die gute Mutter Erde daran zu erinnern, dass die Tage bald wieder länger werden und der Frühling naht.

Reicht für 10 Personen

500 g Koch- oder Holzäpfel
½ TL geriebene Muskatnuss
1 kleines Stück geriebener Ingwer
3 Nelken
2 Zimtstangen
100 g Zucker
4 l Apfelwein
Evtl. Weinbrand

Äpfel, Gewürze und Zucker in etwas Wasser dünsten, bis die Äpfel weich sind. Apfelwein zugießen und langsam erhitzen, aber nicht kochen lassen. In eine Servierschale gießen und einen guten Schuss Weinbrand zugießen. In Bechern oder Punschtassen reichen.

Festliche Speisen in der kalten Jahreszeit

Jede Familie hat ein traditionelles Weihnachtsessen – als die Kinder klein waren, gab es bei uns immer Pute, später nach unserem Umzug nach Suffolk gab es Fasan mit Mandeln und Salbei, den ich mit einer Mischung aus Äpfeln und Zwiebeln füllte.

Festlicher Gänsebraten

Als ich klein war, gab es Weihnachten immer Pute. Mein Vater spöttelte stets ein wenig über diesen Brauch und erzählte uns Geschichten aus seiner Kindheit. Er war 1902 in York auf die Welt gekommen. Wir hörten von engen, gepflasterten Straßen mit Ladenfassaden, an denen frisch gerupfte Gänse hingen – tatsächlich handelte es sich um Puten, doch die kluge Hausfrau wählte eine Gans. Die Familie aß dann Scheiben von gebratener Gans, die einem das Wasser im Munde zusammenlaufen ließen, dazu die knusprigsten Bratkartoffeln und schmackhafteste Sauce … Das Gänsefett nutzte man für Salben und Cremes und – die Vorstellung daran macht mir Gänsehaut – um die Brust damit einzureiben, damit man es in den eisigen Wintern warm hatte!

In Großbritannien wird eine Gans traditionell mit Salbei und Zwiebel gefüllt und mit Braten- und Apfelsauce gereicht. In Russland füllt man die Gans mit zerkleinertem Kohl und Zwiebeln. In Skandinavien wird die Gans mit Zitrone eingerieben und mit zerkleinertem Kochäpfeln, Zwiebeln und Pflaumen gefüllt. In Deutschland füllt man die Weihnachtsgans mit Äpfeln und man isst traditionell Kartoffeln oder Klöße und Rotkohl dazu.

Viviennes Gänsebraten

Den Backofen auf 190 °C vorheizen. Die Gans innen und außen mit Zitronensaft einreiben. Mit einer Mischung aus frisch gehacktem Salbei, Zwiebel, Semmelbröseln, Petersilie und geriebenem Apfel, Gewürzen und einem Ei füllen. Die Gans mit etwas Wasser in eine Fettpfanne legen, die Brust mit etwas Folie abdecken, damit sie nicht anbrennt, und in den Ofen schieben. Nach einer halben Stunde hier und da den Braten einschneiden, damit das Fett austreten kann. Die Brust mit etwas Honig einreiben und wieder in den Ofen stellen. Weitergaren. Pro 500 Gramm Gewicht benötigt die Gans 30 Minuten Garzeit. Machen Sie die Garprobe. Pieksen Sie zwischen Brust und Schenkel – die austretenden Säfte sollten klar sein. Die Gans aus der Fettpfanne nehmen und auf einen Rost legen. Gänsefett abschöpfen, Sie können es später verwenden: für Bratkartoffeln oder Salben.

Ist die Gans gar?

Nehmen Sie eine Gabel und stechen Sie damit zwischen Schenkel und Brust. Laufen klare Säfte heraus, ist die Gans fertig; sind sie rosa, muss der Braten noch einmal in den Ofen.

Stubenküken auf Juwelenreis

2 Portionen

2 Stubenküken
50 g Butter
2 EL kochendes Wasser
1 TL Safran
1 Eigelb
Gemahlenes Meersalz und schwarzer Pfeffer
150 g Basmatireis
1 Pr Safran
2 EL Korinthen
Je 2 EL gehackte rote, gelbe und grüne Paprika

Den Backofen auf 220 °C vorheizen.

Die Küken außen mit Butter bestreichen und in den heißen Ofen legen.

Das kochende Wasser in eine kleine Schüssel geben, Safran zufügen und 5 Minuten darin einweichen, dann das Eigelb unterrühren.

Nach 15 Minuten Backzeit die Küken aus dem Ofen nehmen und mit der Safran-Ei-Mischung bestreichen. Wieder in den Ofen legen. Noch zweimal wiederholen.

Insgesamt brauchen die Küken etwa 30 Minuten Garzeit.

Für den Juwelenreis den Basmatireis für zwei Personen zubereiten, etwas Safran ins Kochwasser geben. In den garen Reis etwas Olivenöl, Korinthen und Paprika rühren.

Selbst Gravlax zubereiten

Für etwa 8 Personen

50 g Meersalz
25 g feiner Zucker
20 g grobkörniger Senf
25 g gemahlene schwarze Pfefferkörner
10 g gemahlener Piment
50 ml Gin
1 Bund gehackte Dillspitzen
1 kg Lachsfilet, eine Seite enthäutet
Olivenöl

Salz, Zucker, Senf, Pfeffer, Piment und Gin in einer Schüssel zu einer Paste verrühren. Fast den gesamten Dill zugeben und untermischen. Die Hälfte der Paste auf einer Lage Frischhaltefolie verstreichen, dann die Lachshälfte mit der enthäuteten Seite nach oben darauflegen. Die restliche Paste auf dem Fisch verstreichen, die Frischhaltefolie darüberschlagen und ihn mit einer zweiten Folie einwickeln. 24 Stunden in den Kühlschrank legen. Lachs herausnehmen, unter fließend kaltem Wasser abspülen und trocken tupfen. Mit Olivenöl bestreichen und mit dem restlichen Dill bestreuen. Dazu Dillsauce reichen.

Dillsauce

In einer kleinen Schüssel 30 Gramm feinen Zucker, 1 Teelöffel Salz, 30 Milliliter Weißweinessig und 30 Gramm Dijonsenf verrühren. Mit einem Schneebesen gut durchschlagen, dann 125 Milliliter Olivenöl untermischen, zum Schluss 2 Esslöffel frisch gehackten Dill unterrühren.

Meerettichsauce

Diese wunderbare Pflanze wächst wild am Rand feuchter Wiesen, an Bachläufen und Flussufern. Die Wurzel ist groß und kann holzig sein. Wer im eigenen Garten Meerrettich haben möchte, kann Wurzelstücke in die Erde setzen oder sich in der Gärtnerei Pflanzen besorgen. Meerrettich braucht gute Erde. Blüht die Pflanze, können Sie die Wurzel ernten, reiben und diese für eine Remoulade zu Roastbeef mit etwas Salz und Zucker unter frische Sahne rühren oder dünn auf Tomatenbrote streuen.

Garzeiten Côte de Boeuf

Gut durch: 25 Minuten pro 500 g bei 200 °C.

Medium: 20 Minuten pro 500 g bei 200 °C.

Blutig: 15 Minuten pro 500 g bei 200 °C.

Côte de Boeuf mit Meerrettichsauce

Rinderhochrippe spielte früher beim alten Wintersonnenfest eine große Rolle. In dieser Zeit waren frische Nahrungsmittel rar. Die Schlachtung eines solch großen Tieres ernährte die Menschen lange Zeit. Gemüse wurde geröstet oder gekocht, dazu Töpfe mit Gerste, Hafer und getrockneten Bohnen gekocht, auf den Tischen stand Brot für die Sauce.

2,5 kg Rinderhochrippe
Je 1 TL Salz und schwarzer Pfeffer
Rinderbrühe
Weizenmehl
½ Glas Port- oder Rotwein
½ TL grobkörniger Senf
300 ml Rinder- oder Gemüsebrühe

1 Den Backofen auf 220 °C vorheizen.

2 Etwas Olivenöl in einen Bräter geben und diesen zum Erhitzen in den Backofen schieben. Das Fleisch mit Salz und Pfeffer einreiben. Den Bräter herausnehmen und das Fleisch hineinlegen. 20 Minuten im Backofen anbraten, dann die Temperatur auf 200 °C reduzieren und je nach Geschmack weitergaren *(s. l.)*.

3 Am Ende der Garzeit das Fleisch aus dem Backofen nehmen. Das Rindfleisch auf ein Schneidbrett legen und 20 Minuten ruhen lassen.

4 Den Bräter bei mittlerer Hitze auf den Herd stellen und etwas Mehl hineinstreuen. Mit einem Holzlöffel den Bratensatz lösen und rühren, damit Mehl und Fett eine Mehlschwitze bilden. Portwein, Senf und Rinderbrühe zugeben. Die Sauce köcheln lassen, dann durch ein feines Sieb in einen Krug oder eine Saucenschüssel gießen. Den Braten tranchieren und die austretenden Säfte in die Sauce geben.

Geröstetes Wintergemüse

Kartoffeln, Kürbis, Zwiebeln, Möhren, Sellerie und Pastinaken schälen. In gleich große Teile schneiden. Alles außer Kürbis und Zwiebeln in einem Topf mit kaltem Wasser bedecken und zugedeckt aufkochen. Nach 3 Minuten Kochen abgießen und mit Olivenöl mischen. Etwas Olivenöl in einen Bräter geben und den Bräter in den heißen Backofen stellen. Ist das Öl heiß, das vorbereitete Gemüse in den Bräter geben, mit Salz und Rosmarin bestreuen und goldbraun backen.

Tipps

Bewahren Sie die Kochflüssigkeit des Gemüses auf, um damit Ihre Zimmerpflanzen zu gießen. Das Wasser enthält viele Nährstoffe, die nicht verschwendet werden sollten.

Damit Topinambur beim Kochen nicht schwarz wird, säubern Sie ihn vorher gründlich und garen ihn mit Haut. Sie lässt sich hinterher leicht abziehen.

Weihnachtsdekoration

Das Aufhängen sollte eine fröhliche Familienangelegenheit sein. Die Kinder und ich haben das stets gemeinsam gemacht, aber ich gestehe, dass ich nachher nachgebessert habe, um meinen ästhetischen Ansprüchen zu genügen.

Granatäpfel und Papierketten

Als meine Kinder heranwuchsen, bastelten sie mit Vorliebe Papierketten, kilometerlange Ketten, die in den Räumen an den Balken aufgehängt wurden; Ecken wurden mit Papierglöckchen und Stechpalmenzweigen geschmückt. Der Weihnachtsbaum war so groß wie möglich und wurde mit einer Mischung aus über die Jahre gesammelten mundgeblasenen Kugeln und meinen selbst gemachten Dekorationen verziert: kleine bestickte Filzsocken, echte viktorianische Reste, die ich mit goldenen Bordüren verzierte, und vergoldete Mohnkapseln, die mit goldenen Schleifen und Drahtschleifen angebracht wurden.

Lorbeerkranz

Wenn Sie jemanden sehr mögen, schenken Sie ihm doch einen vergoldeten Lorbeerkranz – er kann in der Küche hängen, um dann Blatt für Blatt Suppen und Eintöpfe zu verfeinern.

Wenn Sie Lorbeer im Garten haben, pflücken Sie Zweige und binden Sie einen Kranz, vergolden Sie einige Blätter und legen Sie den Kranz in eine mit Papiertüchern ausgelegte Geschenkschachtel.

Vergoldete Mohnkapseln

Mohnsaat muss im Frühling in die Erde, die Saat keimt leicht in feuchten Böden, die Blume bevorzugt einen sonnigen Standort. Im Sommer sind die Blumen hoch gewachsen und sind mit leuchtenden Blütenblättern bedeckt, die Schwebefliegen und andere nützliche Insekten anziehen. Von den dunkelsten Blumen bewahre ich stets Saat auf, in der Hoffnung, im Folgejahr schwarze Blüten zu haben.

Nach der Blüte die Kapseln ernten, in Bünden kopfüber aufhängen und 4–5 Tage trocknen lassen. Seien Sie wachsam – wenn die Bedingungen stimmen, geben die Kapseln Millionen von winzigen schwarzen Samen frei. Sie sollten diese aufbewahren: einige zum Aussäen irgendwo, wo Sie einen Farbtupfer brauchen, die anderen für Kuchen oder zum Bestreuen von Brotteig vor dem Backen.

Sind die Mohnkapseln getrocknet, drehen Sie diese um und schneiden die Stängel ab, drücken Sie oben kleine Drahtschlaufen hinein und kleben Sie diese mit einer Klebepistole oder etwas Kleber fest. Trocknen lassen, dann mit goldener Acrylfarbe anmalen und mit feinem Goldglitter verzieren. Sind die Kapseln richtig trocken, neben die Schlaufen kleine Bänder binden. Ich bewahre sie in Goldpapier eingewickelt auf und lege sie geschützt in kleine Kartons.

Granatapfel vergolden

Vergoldete Granatäpfel lagen schon in Zeiten der Tudor-Könige auf den festlich gedeckten Tischen. Goldblatt gibt es im Künstler- und Hobbybedarf. Sollen die Frucht oder auch Nüsse gegessen werden, kaufen Sie Lebensmittel-Blattgold. (Damit können Sie dann auch Schokolade vergolden.)

Goldblatt
Leim oder Gummiarabikum
1 Pinsel zum Malen auf Leim
1 Pinsel zum Auftragen des Blattgoldes
1 weichen Lappen zum Polieren

Den Granatapfel mit einem feuchten Tuch abreiben.

Leim auftragen. Damit ein marmorierter Look entsteht, sollte die natürliche Farbe des Apfels zu sehen sein. Tragen Sie den Leim nur dort auf, wo Sie goldene Flecken setzen möchten. Warten, bis der Leim soweit ist.

Eine einzige Schicht Blattgold mit einem Pinsel vorsichtig auftragen. Hinterher mit einem weichen Lappen polieren.

Weihnachtsnaschereien

Selbst gemachte Früchtemischung im Glas, hübsch in Weihnachtspapier eingepackt und mit einem Stechpalmenzweig dekoriert, macht dem Schenkenden und dem Empfänger eine Freude. Ich mache immer Schokolade, die ich in hübsche kleine Schachteln lege und in sternenübersäte Papiertücher wickele.

Meine Bûche de Noël (Schokokuchen)

8 Portionen

50 g feiner Zucker
5 Eigelb
100 g dunkle Schokolade, geschmolzen
½ TL Vanillepulver
4 Eiweiß
1 Pr Weinstein
30 g Zucker
Kakaopulver

Füllung

250 g Schlagsahne
3 EL Dulche de leche (in gut sortierten Lebensmittelläden)
6 EL Maronenpüree

1. Den Backofen auf 180 °C vorheizen.
2. Ein 30 x 40 cm großes Backblech mit Backpapier belegen.
3. Feinen Zucker mit Eigelb schaumig schlagen. Schokolade und Vanillepulver zugeben und unterrühren. In einer zweiten Schüssel Eiweiß mit Weinstein so lange steif schlagen, bis sich Spitzen bilden. Zucker unterrühren.
4. Eiweiß unter die Eigelbmischung heben und die Masse auf dem vorbereiteten Backblech verstreichen.
5. Im Backofen 15 Minuten backen, dann Garprobe machen. Falls diese nicht gelingt, weitere 3 Minuten im Backofen lassen. Herausnehmen, den Kuchen in der Form lassen und mit einem sauberen Küchenhandtuch belegen. Jetzt den Kuchen umdrehen und aus der Form schlagen. Mit Hilfe des Handtuchs den noch warmen Kuchen zur Biskuitrolle aufrollen. Abkühlen lassen.
6. Den abgekühlten Kuchen wieder auseinanderrollen. Die Sahne schlagen und die Dulche de leche und das Maronenpüree untermischen. Die Füllung dick auf dem Kuchen verstreichen (etwas übrig lassen zum Garnieren). Den Kuchen wieder aufrollen und mit der Naht nach unten auf einen Servierteller legen. Etwas von der Füllung auf den Kuchen streichen und ihn mit Kakao bestäuben. Sie können ihn mit Mistelzweigen aus Schokolade verzieren. Ein Kuchen für den Nachmittagskaffee.

Prickelnde Schokoladentrüffel

Schokolade, die während des Essens im Mund prickelt – wie bei Enid Blyton!

225 Gramm gute Schokolade mit 140 Millilitern Sahne in einer Metallschüssel über dem Wasserbad schmelzen. Ist die Schokolade vollständig geschmolzen, die Schüssel vom Topf nehmen und mit einem elektrischen Rührgerät so lange schlagen, bis sich das Volumen fast verdoppelt hat. Dann 4 Esslöffel Brausepulver unterrühren. Zum Festwerden etwa 30 Minuten in den Kühlschrank stellen. Mit einem Kugelausstecher kleine Schokokugeln formen. Die Kugeln in Kakao wälzen und schon sind die Trüffel fertig. Das Sprudeln verfliegt nach etwa 2 Tagen, also die Trüffel zügig verspeisen.

Ednas Bourbon-Kugeln

Meine Cousine Peta gab mir dieses Rezept, das sie wiederum von Edna, ihrer Nachbarin, bekam. Weihnachten bereitet Peta stets diese Bourbon-Kugeln zu, um uns eine Freude zu machen.

150 g dunkle Schokolade
3 EL Zuckerrübensirup
½ Tasse Bourbon
2½ Tassen zerstoßenes Waffelgebäck
1 Pk Vanillin
½ Tasse gesiebter Puderzucker
1 Tasse fein gehackte Nüsse

Schokolade in Stücke brechen und in einer Schüssel über dem Wasserbad schmelzen. Zur geschmolzenen Schokolade Sirup und Whisky geben. Gut umrühren, dann die restlichen Zutaten unterrühren. Einige Minuten abkühlen lassen. Aus der Masse kleine Kugeln formen. Vor dem Naschen einen Tag ruhen lassen.

Flambierte Äpfel

Eine unserer Familientraditionen. Wir beenden ein Festmahl mit Bratäpfeln, die flambiert auf den Tisch gebracht werden. Der oder die Jüngste am Tisch verteilt dann die Portionen.

Entkernen Sie genügend Kochäpfel für jeden, füllen Sie die Äpfel mit Früchtemischung *(s. S. 161)* und geben Sie ein Stückchen Butter darauf. Bei mittlerer Hitze etwa 30 Minuten Im Backofen garen, anschließend in eine Auflaufform setzen. Einige Esslöffel Weinbrand in einem Topf erhitzen, anzünden und über die Äpfel gießen.

Lavendeltörtchen

Das Rezept ist eines meiner Lieblingsrezepte, eines, das auf Pfefferminztörtchen basiert. Ich forme die Törtchen mit einem winzigen Blumenausstecher und verziere sie mit winzigen Klecksen gelber Glasur. Dekoriert in einer mit Servietten ausgelegten Schachtel, sehen und schmecken sie einfach himmlisch.

Sieben Sie 225 Gramm Puderzucker in eine Schüssel. 1 Eiweiß und 4 Tropfen ätherisches Lavendelöl zugeben, damit sich die Masse blassviolett färbt. Alles gut verrühren und 10 Minuten ruhen lassen. Auf eine mit Puderzucker bestäubte Arbeitsfläche geben und etwa 1 Zentimeter dick ausrollen. Formen ausstechen und diese auf Backpapier trocknen lassen.

Silvesternachtskuchen

Ich liebe es, diesen Kuchen zuzubereiten – ein Biskuit, der mit Himbeersahne gefüllt und mit einer Schicht Marzipan und blassblauer Glasur überzogen und mit gelben oder goldenen Sternchen bestreut wird. Man isst ihn als Dessert mit einem Glas Wassail oder Glühwein. Der Kuchen steht für das Ende eines alten und den Anfang eines neuen Jahres.

Kandierte Orangen in Schokolade

Dafür 250 Gramm gute dunkle Schokolade in einer Schüssel über dem Wasserbad schmelzen. Ist die Schokolade vollständig geschmolzen, einen halben Teelöffel Zuckerrübensirup oder Honig unterrühren – auf diese Weise glänzt die Schokolade später schön. Kandierte Orange in 5 Zentimeter lange Streifen schneiden und in die Schokolade tauchen. Auf einem Kuchenrost fest werden lassen und zum Kaffee servieren.

Lebkuchen

Im mittelalterlichen Europa wurde würziges Lebkuchengebäck mit Mandeln, Mehl oder Semmelbröseln zubereitet, mit Honig gesüßt und mit Eigelb und Safran oder Blattgold vergoldet – und als Zuckerwerk serviert. Der Duft von backendem Lebkuchen in der Küche ist etwas ganz Besonderes. Das Rezept ist ganz einfach, rühren Sie den Teig an, rollen Sie ihn aus und stechen Sie die Formen aus. Dekorieren Sie das Gebäck mit Zuckerglasur oder vergolden Sie es mit essbarem Blattgold. Dann als Geschenk verpacken oder an den Weihnachtsbaum hängen.

Ergibt 18 Kekse

225 g Weizenmehl
½ TL Lebkuchengewürz (Koriander, Piment, Muskat, Ingwer, Nelken)
1 TL gemahlener Zimt
½ TL Salz
½ TL Natron
100 g Butter
75 g feiner brauner Zucker
3 EL Zuckerrübensirup

Glasur

1 Eiweiß
1 TL Zitronensaft
500 g gesiebter Puderzucker

1 Den Backofen auf 170 °C vorheizen. Ein Backblech mit Butter bestreichen oder mit Backpapier belegen.

2 Mehl, Gewürze, Salz und Natron in eine große Schüssel sieben. Die Zutaten mit einem Metalllöffel leicht mischen. Butter, Zucker und Sirup in einem Topf bei schwacher Hitze unter gelegentlichem Rühren zerlassen.

3 In die Mehlmischung eine Vertiefung in der Mitte machen und den Topfinhalt zugießen. Beides gut vermengen. Bildet die Masse eine Teigkugel, herausnehmen und auf eine trockene Arbeitsfläche legen. Den Teig etwa 3 Millimeter dick ausrollen.

4 Ausstechförmchen in Mehl tauchen und dann Kekse aus dem Teig ausstechen. Die Kekse auf das Backblech legen. Wollen Sie sie aufhängen und ein Band durchziehen, schneiden Sie mit Hilfe eines Strohhalms ein Loch in jeden Keks.

5 Die Kekse 10–12 Minuten goldbraun backen, aus dem Backofen nehmen und auf einem Rost abkühlen lassen.

6 Für die Glasur das Eiweiß leicht schlagen, Zitronensaft unterrühren. Den Puderzucker löffelweise unterrühren, bis eine dickflüssige Konsistenz erreicht ist. Die Kekse damit verzieren.

Weihnachtskekse

Ergibt 18 Kekse

100 g zerlassene Butter
100 g feiner Zucker
1 kleines Ei
1 TL Vanillin
200 g gesiebtes Weizenmehl
½ TL Backpulver

Den Backofen auf 180 °C vorheizen. Butter und Zucker schaumig schlagen, Ei und Vanillin unterrühren. Mit einem Spatel Mehl und Backpulver untermischen. Damit daraus ein glatter Teig entsteht, eventuell etwas Wasser zugeben. Den Teig zu einem dicken Rechteck formen und für 30 Minuten in den Kühlschrank legen. Auf einer bemehlten Arbeitsfläche ausrollen und festliche Motive ausstechen, diese auf ein Backblech legen, mit etwas warmem Wasser bestreichen und mit Hagelzucker bestreuen. 15 Minuten kalt stellen, dann etwa 15 Minuten backen. Achten Sie darauf, dass die Kekse nicht anbrennen.

Stollen

Ergibt 1 großes oder 2 kleine Stollen

100 g Sultaninen
100 g Rosinen
Je 25 g Zitronat und Orangeat
4 EL Weinbrand
10 g Trockenhefe
1 TL Zucker
50 ml warme Milch
60 ml warmes Wasser
225 g Brotmehl, Type 1150
½ TL Salz
25 g Zucker
1½ TL Lebkuchengewürz (Koriander, Piment, Muskat, Ingwer, Nelken)
1½ TL gemahlener Zimt
125 g zerlassene Butter
1 Ei
25 Butter und etwas Puderzucker zum Bestreichen

Marzipan
75 g gemahlene Mandeln
40 g feiner Zucker
25 g Puderzucker
1 Ei

1 Sultaninen, Rosinen, Zitronat und Orangeat 2 Stunden im Weinbrand einweichen. Hefe, Zucker, Milch und Wasser in einer kleinen warmen Schüssel verrühren. 30 Minuten gehen lassen.

2 Mehl und Salz in eine große Rührschüssel sieben, Zucker und Gewürze unterrühren und die Butter unterarbeiten.

3 Das Ei in die Hefemischung rühren und dann zu den trockenen Zutaten geben. Alles zu einem Teig verarbeiten. Die eingeweichten Trockenfrüchte abgießen, abtropfen lassen und zum Teig geben. Die Hände leicht einfetten und den Teig 5 Minuten kneten; der Teig sollte klebrig sein, also kein weiteres Mehl zugeben. Den Teig in der Schüssel abgedeckt an einem warmen, zugfreien Ort aufgehen lassen.

4 Nun wird das Marzipan gemacht. Mandeln und beide Zuckersorten in eine Schüssel geben. Das Ei in einer kleinen Schüssel verrühren, dann 1 Esslöffel davon in die Mandel-Zuckermischung rühren und das Ganze zu einem festen Teig verrühren. Vielleicht muss noch etwas mehr Ei untergearbeitet werden, aber nicht zu viel.

5 Den aufgegangenen Stollenteig flach klopfen und auf eine gefettete Arbeitsfläche legen. Zu einem Rechteck ausklopfen. Das vorbereitete Marzipan zu einem Rechteck ausrollen. Marzipan auf den Stollen legen und das Ganze wie einen Biskuit aufrollen. Mit dem restlichen Ei die Ränder bestreichen und fest zusammendrücken.

6 Das Stollenbrot auf ein mit Butter bestrichenes und bemehltes Backblech legen und mit Eigelb bestreichen. An einem warmen Ort 30 Minuten gehen lassen.

7 Den Backofen auf 220 °C vorheizen und das Brot darin in 35 Minuten goldbraun backen.

8 Das Brot aus dem Ofen nehmen, mit der zerlassenen Butter bestreichen und mit Puderzucker bestäuben.

Britische Mince Pie

Mein Weihnachten beginnt schon, wenn ich meinen Vorratsschrank auf Rosinen, Sultaninen, Korinthen und Co. überprüfe und eine lange Liste schreibe. Ich brauche viel: für die Weihnachtskekse und für vieles andere. Für dieses Rezept benötige ich eine Früchtemischung, darüber hinaus einige Gläser zum Verschenken. Vieles muss besorgt und bedacht werden.

Früchtemischung

Ergibt 4 Gläser

2 mittelgroße Kochäpfel
200 g Rosinen
250 g Korinthen
125 g gemischtes Zitronat und Orangeat
125 g getrocknete Kirschen
125 g getrocknete Cranberries
125 g Sultaninen
250 g Pflanzenfett
3 EL Weinbrand
Saft und Schale von 1 Orange

Äpfel fein würfeln und in einer großen Schüssel mit den restlichen Zutaten vermischen und die Früchtemischung in Gläser füllen.

Teig

500 g Weizenmehl
250 g Butter
2 EL Eiswasser
50 g feiner Zucker

Den Backofen auf 180 °C vorheizen. Mehl in eine große Rührschüssel sieben, Butter zugeben und mit den Fingern unter das Mehl arbeiten. Etwas Eiswasser zugeben und das Ganze zu einem glatten Teig verkneten. 30 Minuten in den Kühlschrank legen. Eine Muffinform mit 12 Mulden mit Butter bestreichen. Den Teig ausrollen und mit einem Ausstecher oder Glas Teigkreise ausstechen. Diese in die Mulden legen. Von der Früchtemischung einen guten Esslöffel daraufgeben. Weitere kleinere Kreise als Teigdeckel ausstechen. 15 Minuten backen.

Florentiner

Ergibt 30 Stück

100 g weiche Butter
6 EL Sahne
150 g feiner Zucker
100 g grob gehackte Mandeln
150 g Zitronat und Orangeat
50 g gehackte Walnüsse
200 g kandierte Kirschen
6 EL Weizenmehl

Den Backofen auf 180 °C vorheizen. Butter, Sahne und Zucker in einen großen Topf geben und bei schwacher Hitze zerlassen. Den Topf vom Herd nehmen und die restlichen Zutaten unterarbeiten. Löffelweise davon auf ein mit Butter bestrichenes Backblech setzen und 8 Minuten backen. Auf einem Rost abkühlen lassen. In hübsche Geschenkschachteln verpackt haben Sie nette Mitbringsel.

Hausmittel für die Winterzeit

Apfelessig, Rosmarin, Salbei – unsere Großmütter nutzten sie und noch viel mehr, um Haarspülungen, Erkältungs- und Stärkungsmittel sowie Spülungen herzustellen.

Wenn der Schlaf nicht kommt …

… reiben Sie etwas Muskat in eine Tasse heiße Milch und trinken das vor dem Schlafengehen.

Senfpflaster

Einen Esslöffel Senfpulver mit einer halben Tasse Mehl und Wasser zu einer dicken Paste verrühren. Die Paste auf eine doppelte Lage Mulltuch streichen und mit einer weiteren Lage Mull bedecken. Legen Sie das Pflaster nicht länger als 10 Minuten auf die Brust, es hilft gegen Reizhusten.

Apfel-Rosmarin-Kur

Haben Sie das Gefühl, dass eine Erkältung im Anmarsch ist, kochen Sie einen großen Zweig Rosmarin 5 Minuten in Apfelessig. In ein Glas abgießen, sich ins Bett legen und die Mischung trinken. Danach werden Sie ordentlich schwitzen.

Essig und Packpapier

Weichen Sie ein gefaltetes Stück Packpapier in einer Lösung aus Apfelessig und Wasser (halb, halb) ein und legen Sie es sich auf die Stirn. Die Dämpfe sollen Kopfschmerzen lindern.

Glanzspülung

Meine Großmutter erzählte mir einmal, dass sie als kleines Mädchen Schüsseln und Eimer nach draußen gestellt hat, um das Regenwasser aufzufangen und damit ihr Haar zu waschen. Die Familie lebte in der Halbwüste Karoo und das Wasser kam aus dem Brunnen oder aus dem Fluss.

Meine Großmutter hatte kräftiges, dunkles Haar, das sie einmal in der Woche wusch. Zum Schluss spülte sie es mit kaltem Regenwasser, dem sie etwas Apfelessig zusetzte. Sie schwörte darauf, dass dies „ihr Haar beruhigte“. Jeden Abend bürstete sie ihr Haar 50-mal und verteilte die natürlichen Öle bis zu den Haarspitzen, und manchmal schnitt sie mit einer scharfen Schere brüchige Spitzen ab.

Salbeihaarwasser

Das Haarwasser soll bei ergrauendem Haar die natürliche Farbe wiederbeleben.

Geben Sie 2 Esslöffel getrockneten Salbei in ein Marmeladenglas mit Wasser. Stellen Sie dieses in einen Topf mit Wasser und lassen Sie es 2 Stunden kochen. Danach die Flüssigkeit absieben und wieder ins Glas füllen. Die Flüssigkeit jeden Tag in das Haar einmassieren. Im Kühlschrank hält sich das Haarwasser 10 Tage.

Kokosölkur

Eine Flasche Kokosöl zum Verflüssigen in kochendes Wasser stellen. Etwa eine halbe Tasse Öl ins Haar kämmen und mit einem Handtuch umwickeln. Einige Stunden einziehen lassen, auswaschen und spülen.

Olivenölkur

Etwa eine halbe Tasse Olivenöl in das Haar einmassieren und kämmen. Ein Handtuch um den Kopf wickeln und das Öl eine Stunde einziehen lassen, danach waschen und spülen.

Apfelessigspülung

In einen Krug kaltes Wasser etwa eine viertel Tasse Apfelessig geben. Das Essigwasser für die letzte Spülung verwenden.

Kräuterspülungen

Damit das Haar glänzt, blondes Haar in Kamillentee spülen, dunkles Haar in Salbeitee. Möchten Sie einige Sommer-Highlights, spülen Sie das Haar in einer milden Zitronensaftlösung und trocknen es anschließend in der Sonne.

Keimlinge

Sie brauchen ein Marmeladenglas, ein taschentuchgroßes Stück Netz, ein Gummiband, Saatkörner und sauberes Wasser.

Das Glas ausspülen, einen Esslöffel Saatkörner in das Glas legen und mit sauberem Wasser bedecken. Das Glas mit dem Netz belegen und mit einem Gummiband festmachen. Etwa eine Stunde einweichen. Das Wasser abgießen und das Glas an einen dunklen Ort stellen.

In den nächsten Tagen die Saat zweimal am Tag mit klarem Wasser abspülen. Sie werden feststellen, dass die Saat zu sprießen beginnt. Haben Sie erst einmal eine ansehnliche Größe erreicht, können Sie die Sprossen für Salate oder Pfannengerührtes verwenden.

Geeignete Saat für Sprossen

Kichererbsen, Senf und Kresse, Linsen, Alfalfa, Sojabohnen, Flachs, Koriander, Sonnenblumen

Gesund essen

Rohkost sollte eigentlich täglich auf dem Speiseplan stehen. Wintersalate können genauso interessant wie Sommersalate sein – probieren Sie sie mit einem Dressing aus Olivenöl und Joghurt statt Mayonnaise.

Weißkraut

Einen halben kleinen Weißkohl so dünn wie möglich in Scheiben schneiden und grob hacken. Kein Stück sollte länger als 4 Zentimeter sein. Mit 3 geriebenen großen Möhren, 3 geriebenen Äpfeln und 1 fein gehackten Zwiebel in eine Schüssel geben. Ich gebe immer noch eine halbe Tasse Rosinen hinzu. Für das Dressing 4 gehäufte Esslöffel Mayonnaise in eine kleine Schüssel geben. 5 Esslöffel Olivenöl und 3 Esslöffel Essig unterrühren. Über das Gemüse geben und gut damit mischen. Fertig ist der Krautsalat.

Möhre, Senf und Kresse

1 kg geriebene Möhren
Senf- und Kressesprossen
2 EL Senfsamen

Dressing

4 EL Olivenöl
1 EL Apfelessig
½ TL Salz
Schwarzer Pfeffer zum Bestreuen
1 TL feiner Zucker

Alle Dressingzutaten mischen. Möhren, Senf- und Kressesprossen in einer Schüssel mit den Senfsamen mischen und alles mit dem Dressing vermengen.

Selbst gemachter Joghurt

Meine Mutter besaß eine Joghurtpflanze (Kefir), die ihr ein Freund aus dem Nahen Osten schenkte – eine weißer, blumenkohlartiger Pilz, den man in warme Milch gab und über Nacht stehen ließ.
Am nächsten Morgen hatte man Joghurt.
Der Joghurt wurde durch ein Sieb passiert, um die weißen Stückchen zu entfernen. Die wurden dann gründlich gewaschen und für die nächste warme Milch beiseitegestellt. Es gab immer reichlich Joghurt mit Obst oder einem Klecks Konfitüre.
Mit Eiswasser verrührt hatte man ein Getränk.

Ergibt 500 g Joghurt

500 ml Vollmilch
4 EL Joghurtkultur

Milch nicht ganz aufkochen, in einen sauberen Krug gießen, abdecken und auf eine angenehme Wärme abkühlen lassen. Joghurt einrühren, den Krug mit einem Stück Mull abdecken und mit einem Teekannenwärmer bedecken. 4–6 Stunden ruhen lassen, danach sollte sich die Milch in Joghurt verwandelt haben.

Marmelade

Einer meiner besten Freunde ist Graham Short, ich kenne ihn schon aus meiner Jugend. Er war immer alt und gehörte einfach zu meinem Leben dazu. Er kochte die beste Marmelade, die ich je gegessen habe, köstlich würzig, schön stückig.

Sevillaorangen-Marmelade

Ergibt 2 Gläser

600 g unbehandelte Sevillaorangen
1 l Wasser
Zucker
Saft von 1 Zitrone

Orangen halbieren und den Saft auspressen. Zur Seite stellen.

Orangenschale und Kerne mit dem Wasser in einen Topf geben und köcheln, bis die weiße Haut sich leicht von der Schale ziehen lässt. Das dauert etwa eine Stunde. Abkühlen lassen.

Die Orangenhälften aus dem Topf nehmen, gut ausdrücken, dann mit einem Löffel so viel von der weißen Haut abkratzen wie möglich. Die Orangenhälften in eine saubere Schüssel legen.

Die Flüssigkeit aus dem Topf durch ein mit Mull ausgelegtes Sieb in eine Schüssel passieren. Mull in die Hand nehmen und gut auswringen. Nichts von der Flüssigkeit sollte verlorengehen.

Nun mit einem scharfen Messer die Orangenhälften auf einem Schneidbrett klein schneiden. (Ich bevorzuge etwas größere Stücke, Sie mögen es vielleicht feiner.) Die zerkleinerte Schale zur Flüssigkeit in der Schüssel geben. Den beiseitegestellten Orangensaft zugießen, das Ganze tassenweise abmessen und in einen Topf geben. Auf jede Tasse Orangenmischung kommt jetzt eine Tasse Zucker in den Topf. Zitronensaft zugeben.

Den Topf auf den Herd stellen und die Mischung langsam zum Kochen bringen, dabei die ganze Zeit mit einem Holzlöffel umrühren, damit der Zucker sich gut auflöst und nichts ansetzt. Kocht es, den Löffel herausnehmen und das Ganze beobachten. Zuerst wird die Masse schaumig sprudeln, langsam; irgendwann verändert sich das Sprudeln, es wird heftiger. Danach geht es in eine Art Pulsschlag über. Das dauert etwa 12–15 Minuten.

Nun ist es an der Zeit, die Gelierprobe zu machen. Geben Sie einen Löffel von der Orangenmarmelade auf einen kalten Teller. Hat sich nach einigen Sekunden eine feine Haut gebildet, ist die Marmelade fertig. Wenn nicht, weitere 4–5 Minuten kochen lassen.

Den Topf vom Herd nehmen. Einige Minuten warten, bis die Masse nicht mehr kocht, dann in die vorbereiteten Gläser füllen. Verschließen und abkühlen lassen. Danach beschriften und ins Regal oder den Vorratsschrank stellen.

Einmachgläser vorbereiten

Die Gläser gut spülen, sie müssen absolut sauber sein. In heißem Wasser mit Natron einweichen, um die Etiketten zu lösen. Deckel auf die gleiche Weise säubern.

Marmeladengläser kurz vor dem Abfüllen mit kochendem Wasser füllen und wieder ausschütten. Sofort die Marmelade in die Gläser geben, mit Pergament abdecken und den Deckel fest aufschrauben.

Wer es lieber mag, kann die Gläser auch sterilisieren. Gläser in eine Fettpfanne stellen und im Backofen bei 140 °C erwärmen – 10 Minuten müssen die Gläser bei dieser Temperatur im Ofen bleiben. Herausnehmen und sofort mit Konfitüre oder Marmelade füllen.

Warme Süßspeisen

Ein gutes warmes Dessert besteht aus einfachen Zutaten, die sorgfältig abgewogen und verlesen werden. Zusammengerührt köchelt das Ganze dann in einer Puddingform. Dampft das Dessert dann auf einem Teller, mit Sauce oder Sirup beträufelt, findet eine gute Mahlzeit einen krönenden Abschluss.

Blutorangensauce

Saft und Schale von 2 Blutorangen
2 EL weißer Zucker
150 ml Wasser

Die Schale mit einem Zestenschneider spiralförmig von den Blutorangen schälen. Den Saft auspressen und durch ein Sieb gießen, um die Kerne zu entfernen. Wasser mit Orangenschale aufkochen und 5 Minuten köcheln. Abkühlen lassen. Zucker und Orangensaft einrühren, unter Rühren aufkochen und 5 Minuten köcheln.

Cranberry-Blutorangendessert

4 Portionen

175 g weiche Butter
175 g weißer Zucker
3 Eier
175 g Weizenmehl
1 TL Backpulver
1 EL Zitronensaft
Saft von ½ Orange
60 g getrocknete Cranberries
1 Puddingform (1,2 l), Backpapier und Band

1 Die Form mit Butter bestreichen und mit etwas Mehl bestreuen. Überschüssiges Mehl abschütteln. Butter und Zucker schaumig aufschlagen, Eier und etwas Mehl unterrühren, Zitronen- und Orangensaft zugeben und weiterrühren, dann das restliche Mehl und Backpulver untermengen. Schließlich die Cranberries unterheben. Die Masse in die vorbereitete Form geben, mit Backpapier bedecken und festbinden.

2 Die Schüssel auf einen umgedrehten Teller in einen großen Topf mit kochendem Wasser stellen, das Wasser sollte die Schüssel bis zur Hälfte bedecken. Deckel auflegen und aufkochen, dann 2½ Stunden köcheln. Gegebenenfalls etwas Wasser nachgießen.

3 Das Dessert aus dem Topf nehmen und das Backpapier entfernen. Mit der Messerspitze einmal am Rand entlangfahren, dann den Pudding auf einen vorgewärmten Servierteller stürzen.

Desserttücher

In Deutschland weniger bekannt, aber eigentlich eine praktische Sache. Früher gab es, vor allem in England, sogenannte Desserttücher, die in kochendem Wasser ausgespült, ausgewrungen und danach bemehlt wurden. Die mehlige Seite wurde auf das Dessert gelegt, mit einem Band befestigt und die Enden des Stoffs zusammengebunden. Natürlich funktioniert es auch bestens wie in den Rezepten beschrieben mit Backpapier.

Dessertücher waschen

Die gebrauchten Desserttücher in einen Topf mit kaltem Wasser geben, etwas Natron zufügen und 1–2 Stunden darin weichen lassen. Den Topf auf den Herd stellen, aufkochen und einige Minuten kochen lassen. Dann in kaltem Wasser ausspülen und zum Trocknen ins Freie hängen.

Karamellpudding

4 Portionen

100 g frische Datteln
100 ml Wasser
½ TL Natron
100 g weiche Butter
100 g Zucker
2 Eier
100 g Weizenmehl
½ TL Backpulver
½ TL Vanillin
1 Puddingform (1,2 l), Backpapier und Band

Karamellsauce

100 g Butter
100 g feiner brauner Zucker
100 g Sahne

1 Die Puddingform mit Butter bestreichen und bemehlen.

2 Datteln entsteinen und Stängelansätze herausschneiden. Datteln, Wasser und Natron in einen kleinen Topf geben und 5 Minuten sanft köcheln lassen, dann die Datteln mit einem Kartoffelstampfer zerstampfen. Abkühlen lassen. In der Zwischenzeit Butter und Zucker schaumig schlagen, dann die Eier, Mehl, Backpulver und Vanillin unterarbeiten, zum Schluss die abgekühlte Dattelmischung.

3 Die Masse in die vorbereitete Puddingform geben, mit Backpapier bedecken und festbinden. Die Schüssel auf einen umgedrehten Teller in einen großen Topf mit kochendem Wasser stellen, das Wasser sollte die Schüssel bis zur Hälfte bedecken. Deckel auflegen und aufkochen, dann 2 Stunden köcheln.

4 Für die Sauce alle Zutaten in einem Topf langsam erhitzen. Aufkochen und 1–2 Minuten kochen, dann über die Süßspeise geben.

Sirup-Pudding

4 Portionen

175 g weiche Butter
175 g Zucker
Geriebene Schale und Saft von ½ Zitrone
3 Eier
4 EL Zuckerrübensirup
1 Puddingform (1,2 l)
Backpapier und Band

Die Puddingform mit Butter bestreichen und mit etwas Mehl bestreuen. Überschüssiges Mehl abschütteln.

In eine große Rührschüssel Butter, Zucker, Zitronenschale und -saft geben und schaumig aufschlagen. Eier im Wechsel mit Mehl (löffelweise) nach und nach unterrühren, zum Schluss restliches Mehl unterarbeiten.

4 Esslöffel Sirup in die Puddingform geben, dann die Mischung aus der Rührschüssel daraufgeben und glatt streichen. Mit Backpapier zudecken und festbinden.

Folgen Sie den Schritten 3, 4 und 5 auf Seite 168. Ich gieße immer etwas mehr Sirup auf den Pudding und serviere ihn sofort mit reichlich Vanillesauce *(s. S. 31)*.

Whisky-Marmeladen-Speise

4 Portionen

175 g weiche Butter
175 g weißer Zucker
Geriebene Schale und Saft von ½ Zitrone
3 Eier
4 EL Marmelade
2 EL Whisky
1 Puddingform (1,2 l)
Backpapier und Band

Die Puddingform mit Butter bestreichen und mit etwas Mehl bestreuen. Überschüssiges Mehl abschütteln.

In einer großen Rührschüssel Butter, Zucker, Zitronenschale und -saft schaumig aufschlagen. Eier im Wechsel mit Mehl (löffelweise) nach und nach unterrühren, zum Schluss restliches Mehl unterarbeiten, Marmelade und Whisky unterrühren.

Folgen Sie den Schritten 3, 4 und 5 auf Seite 168. Manchmal bereite ich etwas Sauce zu; dafür erhitze ich einige Esslöffel Marmelade mit etwas Whisky. Bevor die Speise auf den Tisch kommt, gieße ich die Sauce darüber. Sie können den Pudding aber auch mit Vanillesauce *(s. S. 31)* servieren.

Register

Zur Autorin

Vivienne Bolton ist in Südafrika geboren und aufgewachsen, lebt aber seit vielen Jahren in England. Neugierig und kreativ veranlagt, hat sie Vieles von ihrer Großmutter über das natürliche Haushalten gelernt. Mit ihren fünf Kindern hielt sie gemeinsam Hühner und Bienen und arbeitete in ihrem nostalgischen Bauerngarten. Über die Jahre sammelte sie reiche Erfahrung im Kochen, Käse herstellen, Gärtnern und vielem mehr.